Königs Erläuterungen und Materialien
Band 356

Erläuterungen zu

Max Frisch

Stiller

von Reinhard Kästler

C. Bange Verlag – Hollfeld

Herausgegeben von
Klaus Bahners, Gerd Eversberg und Reiner Poppe

4. Auflage 1994
ISBN 3-8044-0348-4

Druck: Druckhaus Beyer GmbH, Langgasse 25, Hollfeld

Inhalt

Seite

4

Vorbemerkungen

Der Held des Romans lügt, strapaziert die Geduld der Wohlmeinenden, trinkt, hinterläßt Schulden, verleugnet Heimat, Freunde, Frau und Vaterland – kurzum: er lebt asozial im Zeichen seines Kampfes gegen die ihm aufgenötigte, eigene Identität, gegen jenes ‚Bildnis', das man sich von ihm gemacht hat.

Um davon abzulenken, erfindet er immer neue Geschichten im Untersuchungsgefängnis. Der Aufseher wird sein gläubigstes Publikum, der Staatsanwalt schließlich sein Freund. Der Ehegatte von Stiller/Whites verflossener Geliebten ist der Jurist ja ohnehin. Und zum eigentlichen Widersacher des Untersuchungsgefangenen wird – ausgerechnet – dessen Verteidiger.

So verbinden sich Elemente des Schelmenromans, des Feuilletons, des Salon-Krimis und der trivialen Unterhaltungslektüre zu einer Hintergrundstimmung voll gesättigter Ironie mit tragischen Versatzstükken. Zwar wird vom spanischen Klassenkampf berichtet. Aber sozialkritische Vereinnahmung des Lesers findet Frisch-gemäß nicht statt.

Der Roman lebt von einmal forcierten und dann wieder zurückgenommenen Stilhaltungen, von vielfacher Brechung der Charaktere und überraschenden poetischen Wendungen, die handwerklich genau passend miteinander verwoben, literarischen Reiz bewirken.

„Stiller" markiert unzweifelhaft eine Station des Durchbruchs in Max Frischs Lebenswerk, was Emil Staiger in seinem 1957 entstandenen Aufsatz „Stiller, zu dem neuen Roman von Max Frisch" zu nachstehender Würdigung bewegt hat: „Unverkennbar ist derselbe Mensch (M. F. - d. Verf.) mit seinen alten Heimsuchungen und Schwierigkeiten am Werk. Aber wie verwandelt tritt der gleiche nun an die Öffentlichkeit, mit welch überlegener Autorität, wie frei und gültig und, bei aller quälerischen Problematik, belebend durch eine vielleicht unter Mühsal errungene, doch völlig mühelos, ja beinahe spielerisch wirkende Meisterschaft! Es ist, als hätte sich das durch die Anforderungen der

Bühne beirrte Talent nun plötzlich Bahn gebrochen und ströme in unaufhaltsamer Fülle dahin."

Nach „Biedermann und die Brandstifter", „Andorra" und „Homo faber" setzen die vorliegenden Betrachtungen zu „Stiller" die Bestrebungen dieser Reihe fort, den Zugang zum Werk Max Frischs ebnen zu helfen.

Zeittafel zur Biographie Max Frischs

1911	15. Mai: als jüngstes von drei Kindern in Zürich geboren; der Vater übte den Architektenberuf als Autodidakt aus. Der Großvater mütterlicherseits leitete die Züricher Kunstgewerbeschule
1924 - 1930	Schüler des Kantonalen Realgymnasiums in Zürich
1931 - 1933	Student der Germanistik an der Universität Zürich; Abbruch des Studiums nach dem Tod des Vaters aus finanziellen Gründen; Tätigkeit als freiberuflicher Journalist, vorwiegend für das Feuilleton der "Neuen Zürcher Zeitung"; erste Auslandsreise führt nach der Tschechoslowakei, Ungarn, Serbien, Griechenland und der Türkei
1934	Veröffentlichung des ersten, von der Balkanreise inspirierten Romans "Jürg Reinhardt. Eine sommerliche Schicksalsfahrt"
1935	Deutschlandreise
1936 - 1941	Architekturstudium an der Eidgenössischen Technischen Hochschule in Zürich, nachdem Frisch auf Drängen seiner Verlobten den Journalistenberuf aufgegeben hat; nach anfänglicher Fortsetzung schriftstellerischer Aktivitäten unterbleiben bald auch diese; erst nach der Mobilmachung von 1939 beginnt der nunmehrige Artillerist Frisch wieder zu schreiben
1937	Conrad-Ferdinand-Meyer-Preis
zwischen 1939 und 1945	mehrmals als Artillerist zur Grenzbewachung eingezogen
1941	Architektendiplom

1942	Frisch gewinnt den ausgeschriebenen Auftrag der Stadt Zürich zum Bau des Freibades Letzigraben, der von 1947 - 1949 ausgeführt wird
1943	Eröffnung eines Architekturbüros gemeinsam mit seiner Ehefrau, der Architektin Constanze von Meyenburg; fortan im Doppelberuf tätig als Architekt und Schriftsteller, bis 1954 die Architektentätigkeit aufgegeben wird
1944	Dramen-Preis der Emil-Welti-Stiftung
1946	Reisen nach Deutschland, Italien, Frankreich
1947	Begegnung mit Peter Suhrkamp
1948	Reisen nach Prag, Berlin, Breslau, Warschau; Teilnahme am Friedenskongreß der Intellektuellen; intensiver Kontakt zu Bertolt Brecht in Zürich
1950	Frisch begründet mit der Veröffentlichung des 'Tagebuches 1946 - 1949' sein Verhältnis zum Suhrkamp-Verlag
1952	USA-Aufenthalt, Reise nach Mexiko
1954	Auflösung des Architekturbüros, Trennung von Constanze v. M.; die formelle Scheidung der Ehe erfolgt erst 1959
1955 - 1958	Wohnsitz in Männedorf bei Zürich
1955	Wilhelm-Raabe-Preis der Stadt Braunschweig für den Roman "Stiller"
1956	Reise nach USA, Mexiko, Kuba; Fördergabe der Stiftung Pro Helvetia für die Arbeit am Roman "Homo faber"
1957	Reise nach Griechenland und in arabische Länder; "Homo faber" erscheint; Frisch erhält den Charles-Veillon-Preis der Stadt Lausanne für den Roman (1958)
1958	8. November: Georg-Büchner-Preis der Deutschen Akademie für Sprache und Dichtung; 14. Dezember: Literaturpreis der Stadt Zürich

1960 - 1965	Wohnsitz in Rom
1962	20. Juni: Großer Kunstpreis von Nordrhein-Westfalen; 23. Juni: Ehrendoktorwürde der Phillips-Universität Marburg; 4. Oktober: Preis der jungen Generation für "Andorra"
1964	Stipendium der Ford-Foundation für einen Berlin-Aufenthalt
1965	Wohnsitz im Schweizer Tessin, Berzona, Valle Onsernone; Reise nach Israel; 12. April: Preis der Stadt Jerusalem 13. November: Schiller-Preis von Baden-Württemberg
1966	Reisen nach der UdSSR, Polen, Tschechoslowakei
1968	Reise nach der UdSSR; 28. Dezember: Heirat mit Marianne Oellers
1969	Japan-Reise
1970	USA-Reise
1971	USA-Aufenthalt; Gastvorlesungen an der Columbia-University New York
1974	Großer Schiller-Preis der Schweizerischen Schillerstiftung
1975	Reise nach China als Begleiter der Delegation des damaligen Bundeskanzlers Helmut Schmidt
1976	19. September; Friedenspreis des deutschen Buchhandels
1977	Rede vor dem Parteitag der SPD führt zu teilweise heftigen Diskreditierungen des Dichters
1986	internationale Ehrungen aus Anlaß des 75. Geburtstages; zeitkritische Rede Frischs zu den Solothurner Literaturtagen: die "Schweiz, ein Stammtisch von Maulhelden des Kalten Krieges"

1987	Die TU Berlin ernennt Frisch zum Ehrendoktor. Zusammen mit F. Dürrenmatt nimmt er an einem "Internationalen Forum für den Frieden" in Moskau teil
1989	M. Frisch wird mit dem Heinrich-Heine-Preis der Stadt Düsseldorf ausgezeichnet
1991	M. Frisch stirbt am 4. April in Zürich

Ausgewählte Daten zur Bibliographie

1927	Stahl (erster, erfolgloser Dramenversuch)
1934	Jürg Reinhardt. Eine sommerliche Schicksalsfahrt (Roman)
1937	Antwort aus der Stille. Eine Erzählung aus den Bergen
1940	Blätter aus dem Brotsack (Tagebuch aus dem Grenzdienst)
1943	J'adore ce qui me brüle oder Die Schwierigen (Roman; gekürzte Fassung 1957)
1944	Santa Cruz. Eine Romanze (Drama)
1945	Bin oder Die Reise nach Peking (Erzählung) Nun singen sie wieder. Versuch eines Requiems
1947	Tagebuch mit Marion (später zum Tagebuch 1946 - 1949 erweitert) Die Chinesische Mauer. Eine Farce
1949	Als der Krieg zu Ende war (Drama)
1950	Tagebuch 1946 - 1949
1951	Graf Öderland. Ein Spiel in zehn Bildern (2. Fassung 1956; 3. Fassung 1961)
1953	Don Juan oder die Liebe zur Geometrie. Komödie in fünf Akten

1954	**Stiller. Roman**
1957	Homo faber. Ein Bericht (Roman)
1958	Biedermann und die Brandstifter. Ein Lehrstück ohne Lehre Die große Wut des Philip Hotz. Sketch Öffentlichkeit als Partner (Rede zur Eröffnung der Frankfurter Buchmesse am 24. September)
1961	Andorra. Stück in zwölf Bildern
1964	Mein Name sei Gantenbein. Roman
1967	Biographie: Ein Spiel
1971	Wilhelm Tell für die Schule (Neuerzählung der Tell-Sage)
1972	Tagebuch 1966 - 1971
1974	Dienstbüchlein
1975	Montauk. Eine Erzählung
1976	Gesammelte Werke in zeitlicher Folge
1978	Triptychon. Drei szenische Bilder
1982	Blaubart. Novelle
1983	Forderungen des Tages. Portraits, Skizzen, Reden 1943 - 1982
1989	Schweiz ohne Armee? Ein Palaver. Uraufführung unter dem Titel "Jonas und sein Veteran" in Zürich am 19.10. in deutscher, in Lausanne am 20.10. in französischer Sprache
1990	Schweiz als Heimat? Versuche über 50 Jahre.

Anmerkungen zu Max Frisch

In einer Untersuchung zu ‚Homo faber' liest man über den Schweizer Poeten, er sei „nach eigener Aussage ein defensiver, ein reagierender Schriftsteller. Er erfindet nicht Geschichten, um die Welt zu verändern, sondern stellt die Welt dar, wie er sie erfahren hat, ohne den moralischen Anspruch zu erheben, Lösungen und Vorschläge zum Bessermachen aufzuzeigen. Im Grunde ist Frisch ein hilfloser Schriftsteller, der vielleicht selbst am beglücktesten wäre, würde ihm ein Aufweichen seiner Problemwelt gelingen. Er schreibe, sagte Frisch einmal, um zu bestehen, nicht um zu belehren, er sei ein Schriftsteller aus Notwehr (Neue Zürcher Zeitung vom 22. Juni 1975)."[1)]

Als spezifische Waffe dieser reaktiven Notwehrhaltung begegnet uns im Werk des Schweizers die Tagebuchform. Charakteristischerweise ermangeln die bisher publizierten Journale 1946 bis 1949 – dieses frühere stärker noch als das spätere – und 1966 bis 1971 auffällig der tiefergehenden Bekenntnisse. Als eine Art Konglomerat von Chronik, Arbeitsjournal, Notizbuch und Materialsammlung bleiben sie, wenngleich autobiographisch, so doch der Erörterung individueller Existenzfragen weitgehend verschlossen.

Tagebuchartiges findet sich freilich häufig im Prosawerk – in den Romanen wie in Erzählungen. Hier nun konzentriert sich der Autor ganz auf die personalen Intimitäten, die im Autobiographischen so sorgsam ausgespart bleiben. Die Helden seiner Romane leiden permanent am eigenen Ich. Es vermag nichts zu ändern an der zentralen Stellung, welche die Identitätsfrage im Erzählwerk einnimmt, wenn Frisch abwiegelt: „Mein literarisches Warenzeichen, ich weiß, ist das Identitätsproblem. Daß ich mich mit diesem Warenzeichen nicht identisch fühle, kommt noch hinzu."[2)]

---

1) Sybille Heidenreich, Max Frisch. Homo Faber, S. 8 f.

2) Die Zeit, 22.12.1967

So sucht Stiller, der versagt hat als Künstler, als Gatte und letztendlich auch als politisch engagierter Waffenträger in Spanien, seiner alten Identität zu entgehen. Nach jahrelangem Aufenthalt in Amerika zurückgekehrt in die Schweiz, behauptet er, nicht jener verschollene Stiller zu sein. So gerät er in die Mühlen der Justiz und wird als Untersuchungsgefangener Schritt für Schritt mit den Beziehungs-Individuen seiner Vergangenheit konfrontiert, bis ihm nur noch die Selbstaufgabe – will sagen, der Verzicht auf neue Identität übrigbleibt. Auf einem Meierhof lebt er dann verstummt, zurückgezogen, allein für den Rest seiner Tage: ganz im Sinne des Symbolnamens „Stiller".

Im zweiten der „Identitätsromane" geht Frisch gleichsam von entgegengesetzter Position her ans Werk. Der Held des Romanberichts „Homo faber", der Techniker und Ingenieur Walter Faber, möchte um jeden Preis festhalten an seinem technisierten Weltbild, in welchem der Glaube an Zufälle und Gefühle keinen Raum findet. Aber er verstrickt und verwirrt sich in immer unwahrscheinlichere Zufälle und irrationale Liebesempfindungen. Je stärker Faber versucht, ganz er selbst zu sein, um so mehr kommt er vom Wege ab, findet er „auf der Suche nach Erlebnissen, in denen er sich bestätigt finden könnte, statt der Zukunft nur die Vergangenheit: das Gestern holt ihn ein; das Perfekt weckt Kräfte, die ihn scheitern lassen. Auf den Spuren seiner Geliebten, Sabeth, der wiedergefundenen Tochter, begegnet er am Ende der Mutter, und Faber, (...) der Rationalist und Monteur, verfällt der Welt, die er verlachte, und kehrt, wie Stiller, zum Ursprung zurück: auch er ein Mörder; auch er, am Ende, allein."[3)]

In „Mein Name sei Gantenbein" triumphiert schließlich die Fiktion – im konjunktivischen Titel angekündigt – total über die Realität. Der Titelheld besitzt kaum mehr Individualität. Darum bleibt ihm nur das Spiel mit Entwürfen seiner selbst, das Ausdenken von Dasein-Möglichkeiten, das gedankliche Ausprobieren von Existenz-Geschichten.

„In its form the novel presents the BRECHTIAN ‚Verfremdungseffekt'

---

3) Albrecht Schau, Max Frisch. Beiträge zu einer Wirkungsgeschichte; darin: Walter Jens, Max Frisch und der homo faber, S. 64 f. (folgend zitiert als ‚Wirkungsgeschichte')

applied to a prose work"[4] erkennt Jutta Birmele in einem Aufsatz aus dem Erscheinungsjahr 1964 des Gantenbein-Romans an. Sie erinnert damit an eine Bemerkung in Frisch ‚Tagebuch 1946 – 1949'. Unter dem Eindruck der Brechtschen Theorien über Verfremdung und nicht-aristotelische Theaterkunst, die dieser in den siebenundsiebzig thesenartigen Abschnitten des ‚Kleinen Organon für das Theater' faßte, merkt Max Frisch an: „Es wäre verlockend, all diese Gedanken auch auf den erzählenden Schriftsteller anzuwenden; Verfremdungseffekte mit sprachlichen Mitteln, das Spielbewußtsein in der Erzählung, das Offen-Artistische..."[5]

Profunde Kritiker, so Hans Geulen in seiner Untersuchung zu ‚Homo faber', sehen denn auch die Tagebuch-Absicht im ‚Gantenbein' als realisiert an.

Daß der Einfluß Brechts auf das Werk Max Frisch – zumal auf das dramatische – bedeutend war, unterliegt keinem Zweifel. Stücke wie ‚Biedermann' oder ‚Andorra' liefern überzeugende Bestätigungen. Obwohl Ähnliches sich über die Ausstrahlungskraft Thornton Wilders auf Frisch sagen läßt, vermittelt die Sekundärliteratur den vorherrschenden Eindruck, dem Verhältnis Frisch-Brecht nachzuspüren, sei für Interpreten aller Couleur von jeher reizvoller gewesen, als sich diesem Phänomen zu widmen.

So betont Henri Plard unter Anspielung auf eine Formulierung Ernst Jüngers, daß Frischs Dramen „Diagnose ohne Therapie" bieten, und für ihn „zeigt sich Frischs Bühnendichtung didaktisch und ohne Moral; offen, Fragen aufwerfend, ohne Antworten zu geben, geschaffen, den Zuschauer zu verwirren und nicht ihn mit törichten Versicherungen versehen nach Hause zu schicken. Darin unterscheidet sich Frisch von Brecht, von dem er in formaler Hinsicht viel gelernt hat. Sein Werk ist deprimierend, da es nur selten den Ausweg zeigt: die Liebe, die Ekel

---

4) Jutta Birmele, Anmerkungen zu Max Frischs Roman ‚Mein Name sei Gantenbein'; Wirkungsgeschichte, S. 107 (In seiner Form zeigt der Roman den Brechtschen ‚Verfremdungseffekt' angewandt in einem Werk der Erzählkunst)

5) Max Frisch, Tagebuch 1946 – 1949, S. 119

und Lebensüberdruß zu überwinden vermöchte. Dennoch aber ist es ein heilsames Werk, denn es stimmt überein mit der Unsicherheit einer Welt, die sich wandelt und von der niemand weiß, zu welch unvorstellbaren Katastrophen oder Glückseligkeiten sie uns noch führen wird."[6]

Eben das scheint es, was Ute Reimann in der Zeitung ‚Neues Deutschland' dazu bringt, gleichsam ein wenig ideologischen Wermut in den Gratulationswein zum 75. Geburtstag Max Frischs zu kippen: „Obwohl er (im Unterschied zu Brecht) die Probleme selten von den ökonomischen Wurzeln oder sozial anging, sondern moralisch, schuf er bedeutsame kritische Anschauungsbilder des bürgerlichen ‚Heldenlebens'".[7]

Eine dem Grundsätzlichen verpflichtete Analyse stammt von Marianne Kesting: „Im Jahre 1948 traf er (M. F.) in Zürich auf den Emigranten Brecht, dem er in kritischer Bewunderung gegenübertrat und mit dessen denkerischer Position und künstlerischer Konzeption er bisher zu ringen hatte. Brechts denkerische Haltung nahm er ernst, seiner sozialkritischen Analyse stimmte er zu, von Brechts Glauben an die proletarische Revolution distanzierte er sich, die formalen Funde seines Dramas versuchte er, bis in Einzelheiten nachzuvollziehen. Eine wirkliche Überwindung dieses Vorbilds war Frisch nie möglich, da er dem gedanklichen und dem künstlerischen Weltgebäude Brechts kein gleichwertiges entgegenzusetzen hatte, das zugleich imstande gewesen wäre, die Brechtsche Konzeption zu überwinden. So blieb er – wider Willen – ein Brecht-Adept. Und dies als verschämter Bürger, d. h. als einer, der sich geniert, ein Bürger zu sein, aber sich zugleich hütet, keiner zu sein. Eine durchaus gutbürgerliche Behutsamkeit minderte die Rigorosität seines Angangs. Frischs Ironie ist freundlich und sympathisch, nie taucht er seine Angriffe in die ätzende und bittere Lauge

---

6) Henri Plard, Der Dramatiker Max Frisch und sein Werk für das Theater der Gegenwart; Wirkungsgeschichte, S. 196 f.

7) Ute Reimann, Blicke hinter Fassaden der bürgerlichen Welt. Der Schweizer Dichter Max Frisch wurde 75; Neues Deutschland, 17./18. Mai 1986

jenes Sarkasmus, der Brechts Schlagkraft ausmacht. Die erstaunlich breite und wohlwollende Zustimmung, die Max Frischs OEuvre auch von den nicht intellektuellen Zeitgenossen gezollt wird, ist letztlich darauf zurückzuführen. Aber zugleich liegt hier die Ursache für Frischs Schwierigkeiten, in die gültige Ebene des Exemplarischen vorzudringen, die der junge Brecht gleich mit seinem Erstling ‚Baal' erreichte. Wo Brecht sich zur Figur seines Jahrhunderts machte, an der gesellschaftliche Zusammenhänge sichtbar wurden, blieb Frisch intelligenter Zuschauer der Weltverwandlung."[8)]

Bei aller Verschiedenartigkeit der Perspektiven – in einem kardinalen Punkt treffen sich jegliche Interpreten, die orthodoxesten eingeschlossen[9)]: Eine sozial-ökonomisch vorgeprägte Zwangsführung auf dem Wege zu profunden Antworten kennt Max Frischs Werk nicht.

Bei Brecht ist sie methodische Absicht. Hierin unterscheiden sich der Moralist und der Klassenkämpfer vom Ansatz her. Als Stücke-Schreiber wollte Frisch sein Publikum beunruhigen mit Fragen, die es fortan nicht mehr loslassen würden, geht aus einer Tagebuch-Notiz hervor. Erregende Fragestellungen hält freilich auch der Romancier bereit.

Vor dem Hintergrund zeittypischer Vermassung und Entindividualisierung hat sich der Roman „Stiller" die Dimension einer literarischen Herausforderung bewahrt.

---

8) Marianne Kesting, Max Frisch. Nachrevolutionäres Lehrtheater, in: Wirkungsgeschichte S. 186

9) In „Sowjetwissenschaft. Kunst und Literatur. 10/1966" nimmt der sowjetische Kritiker D. Satowski den Dichter als eine Art ‚nützlichen Idioten' in Anspruch, wenn er formuliert: „Max Frisch hämmert wie ein Specht immer nur auf einen Punkt und beschädigt die Rinde der Pseudocharaktere und Pseudorealitäten. Er ist so damit beschäftigt, daß er vieles andere nicht bemerkt. Außerdem ist er von dem Streben erfüllt, zu verbessern, nicht aber zu verändern. Er zeichnet das Leben unter einem bestimmten Aspekt. In seinen Büchern finden wir kein breites, objektives und vollständiges Bild der bürgerlichen Wirklichkeit seiner Zeit. Dafür ist aus seinen Büchern leicht zu erkennen, worin ihre neuesten Laster bestehen. Und deshalb lehrt Frisch, gewollt oder ungewollt, seine Leser auch, wie aus dieser Wirklichkeit eine andere schon nicht mehr bürgerliche Welt zu machen ist." (‚Homo Max Frisch', S. 1058)

Zur Einordnung des Romans „Stiller"

Frisch beschäftigt sich im „Tagebuch 1946–1949" mit der europäischen Nachkriegssituation. Viele der späteren Arbeiten finden sich darin im Ansatz skizziert. So die Biedermann-Groteske und das Stück um den andorranischen Juden.

Erschüttert durch das Phänomen des Faschismus – Frisch hält ihn grundsätzlich für wiederholbar – bewegt den im vierten Lebensjahrzehnt Stehenden die Verdrängungsmentalität des Bürgertums.

Der von ihm beobachtete Verzicht auf geistig-moralisches Verarbeiten der jüngsten Vergangenheit wirkt daran mit, daß Frisch zu einer zentralen Fragestellung seines Werkes findet: zur Frage nach der Identität der Persönlichkeit.

Die Gespaltenheit des Menschen, der Persönlichkeitsverlust – vorwiegend des Intellektuellen, der bohrende Zweifel an bestehenden Ordnungen, denen der Dichter im Sinne existenzialistischer Wahlfreiheit ohne Anerkenntnis jeglicher Wertung gegenübertritt, der permanente Konflikt zwischen Individuum und Gesellschaft bestimmen fortan sein literarisches Instrumentarium.

Seine literarischen Geschöpfe erscheinen nicht so sehr als Abbilder wirklichen Lebens, hingegen eher als hypothetische Entwürfe vom Menschen; die Varianten ihrer poetischen Existenz tragen den Charakter des vorschlaghaft Unverbindlichen, sie gleichen Arbeitshypothesen zur Konflikterforschung.

Die Identitätsfrage erlangt für das dichterische Werk Max Frischs die Bedeutung eines Etiketts, ähnlich der Lehre vom Übermenschen für Nietzsches Philosophie oder der Trieb-Theorie für Sigmund Freuds Psychoanalyse.

Folgerichtig rücken Texte zum Identitätsthema – von „Bildnissen" spricht Max Frisch – wie die nachstehenden „Tagebuch"-Notate in den Blickpunkt des Interesses. Unter der Sammelüberschrift „Du sollst dir kein Bildnis machen" finden sich auch einige Passagen, die im Hinblick auf den Roman „Stiller" an eine frühe Ausprägung von dessen literarischer Ursituation denken lassen:

> (...) ‚Du bist nicht', sagt der Enttäuschte oder die Enttäuschte, ‚wofür ich Dich gehalten habe'.
> Und wofür hat man sich denn gehalten?
> Für ein Geheimnis, das der Mensch ja immerhin ist, ein erregendes Rätsel, das auszuhalten wir müde geworden sind.
> Man macht sich ein Bildnis. Das ist das Lieblose, der Verrat. (S. 32)
> Kassandra, die Ahnungsvolle, die scheinbar Warnende und nutzlos Warnende, ist sie immer ganz unschuldig an dem Unheil, das sie vorausklagt?
>
> Dessen Bildnis sie entwirft.
>
> Irgendeine fixe Meinung unserer Freunde, unsrer Eltern, unsrer Erzieher, auch sie lastet auf manchem wie ein altes Orakel. Ein halbes Leben steht unter der heimlichen Frage: Erfüllt es sich, oder erfüllt es sich nicht? Mindestens die Frage ist uns auf die Stirne gebrannt, und man wird ein Orakel nicht los, bis man es zur Erfüllung bringt. Dabei muß es sich durchaus nicht im geraden Sinn erfüllen; auch im Widerspruch zeigt sich der Einfluß, darin, daß man so nicht sein will, wie der andere uns einschätzt. Man wird das Gegenteil, aber man wird es durch den andern ... (S. 33)
>
> In gewissem Grad sind wir wirklich das Wesen, das die andern in uns hineinsehen, Freunde wie Feinde. Und umgekehrt! auch wir sind die Verfasser der andern; wir sind auf eine heimliche und unentrinnbare Weise verantwortlich für das Gesicht, das sie uns zeigen, verantwortlich nicht für ihre Anlage, aber für die Ausschöpfung dieser Anlage, Wir sind es, die dem Freunde, dessen Erstarrtsein uns bemüht, im Wege stehen, und zwar dadurch, daß unsere Meinung, er sei erstarrt, ein weiteres Glied in jener Kette ist, die ihn fesselt und langsam erwürgt. Wir wünschen ihm, daß er sich wandle, o ja, wir wünschen es ganzen Völkern! Aber darum sind wir noch lange nicht bereit, unsere Vorstellung von ihnen aufzugeben. Wir selber sind die letzten, die sie verwandeln. Wir halten uns für

den Spiegel und ahnen nur selten, wie sehr der andre seinerseits eben der Spiegel unsres erstarrten Menschenbildes ist, unser Erzeugnis, unser Opfer –. (S. 34)

„Du sollst dir kein Bildnis machen . . ." geht zurück auf Exodus 20,4 im Alten Testament, wo gefordert wird: „Du sollst dir kein Gottesbild machen, noch irgendein Abbild von etwas, das droben im Himmel oder unten auf der Erde oder im Wasser oder unter der Erde ist."

Wir erkennen in dieser Forderung des Alten Testaments das Anliegen der Identitäts-Bewahrung. Bildnisse, die man sich vom Menschen macht – oder die sich andere von uns machen – verbergen die wahre Identität des Menschen, sie werden zu Masken, sie grenzen menschlichen Spielraum ein. Zum Vorurteil braucht es nur einen Schritt.

Stiller darf als die modellhafte Ausführung eines solchen „Opfers" der anderen gelten. Es gelingt ihm nicht, das „Bildnis" zu zerstören, das im Bewußtsein jener Menschen existiert, die an seinem Lebensweg gestanden haben, und so zu einer anderen, wahreren Identität vorzudringen. Das „Bildnis" bleibt übermächtig und treibt ihn in die Selbstaufgabe.

Der Roman erscheint 1954, wenige Jahre nach dem „Tagebuch 1946 – 1949". Ein Jahr früher hatte Max Frisch das Hörspiel „Rip van Winkle" geschaffen, dessen zentrale Motive zur Romansubstanz gehören.

Im „Tagebuch 1946 – 1949", S. 433 – 462, findet sich eine Skizze um den Rechtsanwalt Gottlieb Schinz, die unverkennbar Motive der Isidor-Erzählung und des Rip-van-Winkle-Märchens vorwegnimmt und die deshalb als Frühform des Stiller-Stoffes gilt.

Max Frisch selbst hat später der Version widersprochen, der Roman wäre aus dem Rip-van-Winkle-Stoff entstanden. Vielmehr, erklärte der Dichter in einem Werkstattgespräch, sei der Hörspielstoff aus dem entstehenden Roman entnommen worden.

Der Vollständigkeit halber sei angemerkt, daß die Gestalt Rip van Winkle auch im „Tagebuch 1966 – 1971", S. 428 ff., wiederkehrt. Die Geschichte spielt dort in Manhatten und zeigt erheblich veränderte

Motive bei verwandter Grundsituation. Rip van Winkle ist Alkoholiker, verschwindet von Zeit zu Zeit und verwundert sich bei der Wiederkehr, daß alles noch unverändert ist.

Aber nicht nur Literarisches aus der Produktion des Dichter-Architekten wird in der Stiller-Handlung manifest, sondern auch Biographisches hinterläßt markante Spuren. Da sind zum einen die USA-Eindrücke der ersten Amerika- und Mexiko-Reise von 1952. Da findet sich zum anderen kundiges Gestalten von Ehe-Schwierigkeiten, das im Roman so breiten Raum einnimmt, daß man den „Stiller" kurzerhand zur Ehe-Erzählung zu stempeln versucht hat.

Die Trennung von Frau Constanze, geborene von Meyenburg, fällt ins Erscheinungsjahr. Vorausgegangene Beziehungs-Turbulenzen dürften das Wachsen des Romanmanuskripts getreulich begleitet haben.

Als großer Wurf steht „Stiller" am Anfang einer Reihe von Werken des folgenden Jahrzehnts, die mit „Mein Name sei Gantenbein" 1964 ihre Abrundung erfährt und den literarischen Ruf Max Frischs in die Welt hinausträgt: Homo faber, Biedermann und die Brandstifter, Andorra.

Anatol Stiller, Walter Faber und Gantenbein verbindet die zeitliche Aufeinanderfolge zu einer Art Dreiheit thematischer Verwandtschaft, zeigen sie doch „Spielhaltungen" der Identitäts-Problematik. So sagt Hans Mayer über die Nähe zu „Homo faber": „Es sind Komplementärromane. Das gleiche zivilisatorische Thema dergestalt behandelt, daß jeder dieser beiden Romane als Gegenstück, Ergänzung, vor allem aber auch als geheime Widerlegung des andern betrachtet werden kann."[10] An anderer Stelle wertet er die Beziehung zwischen „Stiller" und „Mein Name sei Gantenbein": „Das Kierkegaard-Motiv des Stiller war noch halb ironisch gesetzt, denn der Romanverlauf bei Stiller widerlegte das Motto. Diesmal fehlt ein Kierkegaard-Motto, aber der Romanverlauf hat ein geheimes Kierkegaard-Thema."[11]

---

10) Gerhard P. Knapp (Hrsg.), Max Frisch. Aspekte des Prosawerks, darin: Hans Mayer, Max Frischs Romane, S. 64 (folgend zitiert als „Aspekte")

11) ebenda, S. 74

Bei seinem Erscheinen traf der „Stiller" auf eine gehörige Portion Skepsis, denn es handelte sich um keine gewöhnliche Geschichte: „Es wird wohl nicht gerade Liebe sein, was dieses Buch in den Herzen seiner Lesergemeinde weckt,"[12] erkannte Emil Staiger ahnungsvoll im Erscheinungsjahr, und er wies hin auf den absurden Lebensstil des Helden und seine katastrophale Gesinnung.

Vier Jahre später ist diese Skepsis der Bewunderung gewichen. Dafür begegnet jetzt dem „Homo faber" Zurückhaltung: „In Wahrheit ist ‚homo faber' nicht mehr als eine Arabeske zum großen Roman von 1954 – "[13], womit der „Stiller" gemeint ist.

In der Tat: ein wenig hat alles Folgende im Schatten des „großen Romans" gestanden.

So wird man im „Stiller" eine von Max Frischs bedeutendsten Produktionen sehen dürfen.

---

12) Emil Staiger, Stiller, in : Wirkungsgeschichte, S. 61 f.

13) Walter Jens, Max Frisch und der homo faber, in: Wirkungsgeschichte, S. 65

Geschehendes und Fiktives – die Handlung

Dem Roman liegt folgende Erzählsituation zugrunde:

Beim Grenzübertritt in die Schweiz macht sich ein Reisender auffällig, der als Amerikaner unter dem Namen White passieren will. Man erkennt in ihm den verschollenen Schweizer Staatsbürger Stiller und nimmt ihn in Untersuchungshaft.

Da er beharrlich verneint, der Gesuchte zu sein, veranlaßt man ihn, seine Lebensgeschichte niederzuschreiben und konfrontiert ihn mit Menschen, die im Leben Stillers markante Rollen gespielt haben.

Der Untersuchungsgefangene kommt der an ihn ergangenen Aufforderung nach in Gestalt von tagebuchartigen Aufzeichnungen, die sieben Hefte umfassen, mit seiner Einlieferung in das Gefängnis beginnen und bis zum Urteilsspruch führen.

Erinnerungen, Impressionen, Reflexionen und zahlreiche einfunktionierte Geschichten – darunter einige von solcher inhaltlicher Abrundung, daß sie als selbständige erzählerische Einheiten gelten dürfen – bilden die Substanz dieses ersten Romanteils unter dem Detailtitel „Stillers Aufzeichnungen im Gefängnis".

Im folgenden, weitaus kürzeren Teil „Nachwort des Staatsanwaltes" wird über Stillers weiteres Schicksal von der Gefängnisentlassung bis zum Tode seiner Ehefrau berichtet.

Erstes Heft

„Ich bin nicht Stiller!" lautet der erste Satz des Romans. Mit der erklärten Absicht, die Stichhaltigkeit dieser Behauptung zu erhärten, beginnt der Tagebuchschreiber seine Aufzeichnungen, als er eben eine Woche einsitzt.

In der Trunkenheit hatte er einen jungen Zöllner geohrfeigt, weil dieser ihn am Ärmel packte, um ihn einer intensiveren Kontrolle zuzuführen.

Bemerkungen eines Mitreisenden hatten Zweifel aufkommen lassen an der Echtheit des amerikanischen Passes auf den Namen White.

Nun befindet er sich hier in der Gefängniszelle von exakt 18,6 m^3 Rauminhalt, und zu seinen wichtigsten Kontaktpersonen gehören der Wärter Knobel – bald ein dankbarer Zuhörer seiner Geschichten – sowie der Offizialverteidiger, dessen Name, wie sich später enthüllt, Dr. Bohnenblust ist.

Beim Hofgang denkt der Erzähler White/Stiller über seine Situation nach: unwirklich erscheint sie ihm, und er erkennt: „... das Gefängnis ist nur in mir." (S. 18)

Dr. Bohnenblust nennt die Identität seines Mandanten: „... Anatol Ludwig Stiller, (...) geboren in Zürich, Bildhauer, verheiratet mit Frau Julika Stiller-Tschudy, seit sechs Jahren verschollen, zuletzt wohnhaft Steingartenstrasse 11, Zürich" (S. 19).

Zwar ignoriert der Verteidiger dessen heftigen Widerspruch, versichert ihm aber, von seiner Unschuld überzeugt zu sein. Der Gedanke kommt auf, daß man gegenüber Stiller irgendeinen Verdacht hegt.

Dem staunenden Wärter Knobel erzählt der Häftling die haarsträubende Geschichte von der Ermordung des „Haarölgangsters" (S. 23) Schmitz.

Indessen hat Frau Julika Stiller-Tschudy die Übersendung besserer Fotos nach Paris gefordert, wo sie jetzt lebt. Der Erzähler wird deshalb ausgiebig fotografiert. In seiner Zelle träumt er sich zurück nach Mexiko, das trotz seiner Aasgeier und tropischer Verwesungserscheinungen Sehnsucht in ihm weckt.

In dem zuständigen Staatsanwalt lernt der vorgebliche Mr. White einen sympathischen Skeptiker kennen, dem er gesteht, der „Mörder" seiner Frau zu sein. Das Symbolische dieser Selbstbezichtigung wird von diesem sogleich erkannt.

Stillers Bruder Wilfried kündigt brieflich seinen Besuch an. Dem Verteidiger erzählt White/Stiller von mexikanischer Bestechlichkeit bis hinauf zum Minister – eine Vorstellung, die des braven Schweizers Unbehagen weckt.

Aus Äußerungen des Staatsanwaltes wird ersichtlich, daß gegen Stiller tatsächlich ein Verdacht auf ein politisch motiviertes Vergehen existiert. Julika Stiller-Tschudy wird aus Paris kommen.

Der Erzähler fügt die Erzählung von Isidor, dem Apotheker und vielfachen Familienvater, ein:

> Isidor erträgt es nicht, immer wieder gefragt zu werden, wo er denn gewesen wäre. In Marseille will sich die Familie zu einer Ferienreise einschiffen. Der Apotheker gerät nach einem Stadtbummel versehentlich auf ein fremdes Schiff und findet sich als Fremdenlegionär in der Wüste wieder.[14)]
>
> Nach Jahren kehrt er zurück, nur um fluchtartig wieder aufzubrechen, als seine Frau die ominöse Frage stellt. Nach einem Jahr probiert er die Heimkehr erneut, wird wieder nach dem Woher gefragt und verschwindet endgültig, ohne je wieder von sich hören zu lassen.

Dr. Bohnenblust bekommt mexikanische Impressionen aus dem Vulkandorf Paricutin zu hören.

Frau Julika ist auf dem Flughafen gelandet. Als Knobel sie unbeholfen zu beschreiben sucht, erzählt ihm White/Stiller von „seinem Typ" (S. 48), der achtzehnjährigen Mulattin Florence, die er am Rio Grande ihrem Ehemann Joe entführt haben will.

Der Staatsanwalt verabschiedet sich für einen Zehntagesurlaub. Frau Julika Stiller-Tschudy besucht die Zelle, der Erzähler gibt sich fremd und beharrt darauf, White zu sein. Dennoch fühlt er sich erotisch stark angesprochen.

Er reflektiert: „Ich bin geflohen, um nicht zu morden, und habe erfahren, daß gerade mein Versuch zu fliehen, der Mord ist." (S. 58) Der Verteidiger bekommt diesmal die Geschichte von der Katze „Little Grey" erzählt.

---

14) Ein verwandtes Motiv existiert bei Brecht. Das Stück „Mann ist Mann" berichtet von der Umwandlung des Packers Galy Gay, der mit der Absicht auszieht, einen Fisch zu erwerben, aber durch Gewalt und äußere Einflüsse in den Militärbaracken von Kilkoa im Jahre 1925 zum Kolonialsoldaten wird.

Der Untersuchungsgefangene träumt von Kreuzigungsmalen an den Händen des Verschollenen und an denen seiner Frau Julika. Man will ihn zum Lokaltermin in Stillers verlassenes Atelier führen.

Dr. Bohnenblust legt ein Album vor mit Vergangenheitsphotos seines Mandanten. Als dieser immer noch darauf beharrt, nicht Stiller zu sein, kommt es zu einem erregten Auftritt. Man schreit sich an.

Ein Lokaltermin findet in Davos statt, wo Stiller Frau Julika im Sanatorium besucht hatte.

In einem einzigen Satz komprimieren sich die Gefühle des Gefangenen: „Meine Angst: die Wiederholung!" (S. 66)

Frau Julika beeindruckt ihn. Sie hinterlegt eine Kautionssumme, so daß er gelegentlich an ihrer Seite das Gefängnis befristet verlassen darf.

Um Dr. Bohnenblust aus einem „ergreifenden Mißverständnis" der Lage „herauszuhelfen" (S. 67) erzählt er ihm das Märchen von Rip van Winkle:

> Der fabulierende Faulenzer Rip van Winkle gerät eines Tages bei einem seiner vorgeblichen Jagdgänge immer tiefer in den Wald, bis er in einer Schlucht eine merkwürdige Kegelgesellschaft findet. Alte Herren in fremdartigen Gewändern amüsieren sich dort in völliger Stummheit. Rip stellt Kegel auf, füllt die Krüge mit Wacholderschnaps und trinkt selbst reichlich davon. Als er seinen Rausch ausgeschlafen hat, sind zwanzig Jahre vergangen. Im Dorf kennt man ihn nicht mehr, nicht einmal seine eigene Tochter. Rip van Winkle sei vor zwanzig Jahren umgekommen, heißt es. Den Rest seiner Tage verbringt er als Fremder in einer ihm fremd gewordenen Welt, belächelt als Spinner.

Einen der „Kautionsnachmittage" verbringen Frau Julika und der Tagebuchschreiber in Zürich. Es kommt zu einer Liebeserklärung. Er geht nun auch seinerseits zum vertrauten „Du" über.

Mit nachdenklichen Einsichten schließt das „Erste Heft":
„... ich habe keine Sprache für meine Wirklichkeit?" (S. 81)

Er sieht „die Leere als das Einzigwirkliche, was zu mir gehört ..." (S. 84) Im Zusammenhang mit dem Selbstmord eines jüdischen Mithäftlings spricht Stiller zum erstenmal von der Begegnung mit seinem „Engel". (S. 84)

Zweites Heft

Der Verteidiger liest das ‚Erste Heft' ohne Verständnis. Für die Verteidigung scheint es unnütz. Der Erzähler aber schreibt weiter über Geschehenes, das dem Verschollenen widerfahren ist.

Julika und Stiller lernten einander im Theater kennen. Sie war damals dreiundzwanzig und eine hoffnungsvolle junge Tänzerin im Ballett. Der Tanz war ihr Leben. Dafür gab sie ihre letzte Kraft, so daß sie im Alltagsleben stets von Müdigkeit beherrscht war, was Stiller respektierte. In dem Jahr ihrer Bekanntschaft, das der Eheschließung vorausging, mußte er eine mehrmonatige Haftstrafe für seine Teilnahme am spanischen Bürgerkrieg verbüßen. Julika erwartete ihn.

Die Ehe wird während der ersten Jahre ihres Bestehens, von außen betrachtet, ein Erfolg. Man lebt von Julikas regelmäßigen und Stillers gelegentlichen Einkünften. Permanente Erfolglosigkeit macht ihm allerdings zunehmend zu schaffen. Sie nagt an seinem Selbstwertgefühl. An ein Kind ist unter diesen Umständen nicht zu denken. Julikas rastloser Einsatz für das Tanzen trotz ihres Tuberkulose-Leidens trägt dazu bei, Differenzen zwischen den Eheleuten aufbrechen zu lassen. Trotzdem bleibt ihre Verbindung solange intakt, bis eine zunächst anonyme Rivalin ihre Existenz signalisiert – beispielsweise durch Haarnadeln in Stillers Atelier. Um diese Zeit herum ergibt sich die Notwendigkeit, daß Julika auf Grund ihres Lungenleidens Aufenthalt in Davos nehmen muß, wenn sie weiterleben will. Ob später eine Rückkehr ins Ballett möglich sein wird, bleibt offen. Stillers Schuldgefühle wachsen. Der Erzähler analysiert Julikas Sexualempfinden. Die einzige Möglichkeit, es wirklich auszuleben, ist für sie der Tanz. In der Ehe herrscht Frigidität, die sie gelegentlich durch exaltiertes Betragen in der Öffent-

lichkeit zu überspielen sucht. Eine kurze Affäre verbindet sie mit einem jungen Werbemanager bei Ascona, vorzugsweise zum Zwecke der Bestätigung ihres Weibtums.
Stiller, im Bewußtsein von Julikas Abneigung gegen seine Körperlichkeit, leidet unter diesem Verhältnis. Auch als es längst vorüber ist, beeinträchtigt seine Ich-Bezogenheit die Situation zwischen den Eheleuten.
Gelegentlich kommt Streit auf ums Geldausgeben. Selbst auf die Bewunderung, welche Julikas bildschöner Hund Foxli erregt, ist Stiller eifersüchtig. Irgendwann erinnert er sich eines Ausspruchs, den Julika in aller Harmlosigkeit nach ihrer ersten gemeinsamen Nacht getan hat. Er quält sich damit herum, vermag diesen Gedanken nicht mehr loszuwerden und fühlt sich als ein Wesen, das seinen Partner durch Berührungen besudelt.
Stillers egozentrisches Wesen, seine Unbeherrschtheiten und Ungerechtigkeiten fallen auf. Wenn Freunde unter vier Augen wohlmeinend darauf hinzielen, sieht er sich von lauter Feinden umgeben.
Den Sommer verbringt Julika in Davos. Ihr bevorzugter Gesellschafter wird ein junger Student aus einem katholischen Seminar, der Langzeitpatient im Sanatorium ist. Er bietet ihr vielerlei geistige Anregung. Das Bildnis-Thema klingt an. Nachts leidet Julika, von Fieber heimgesucht. Dann träumt sie von Stillers Untreue.
Im August kommt Stiller unangemeldet zu Besuch. Julika darf ihn – zum erstenmal das Sanatorium verlassend – auf einen Spaziergang begleiten. Bei einer Rast am Rande der Promenade fragt Julika nach seiner Geliebten. Er schweigt, obwohl er sie fast täglich trifft. Wenig später kommt es zwischen den Eheleuten zum Ansatz einer Liebesszene, die jäh in Stillers Tränen endet, welche er in ihren Rockschoß weint.
Stiller bringt Julika ins Sanatorium zurück und verschwindet ohne Abschied.
Stiller/White muß Knobels Ansprüche an immer neue Erzählungen befriedigen. Er stellt in Aussicht, von einem „innerlichen Mord" (S. 123) zu berichten.

Julika, allein in Davos, sieht sich auf einer Illustrierten-Titelseite. Sie genießt das Bewußtsein, in ungeheuerer Vervielfältigung ihre Schönheit dargestellt zu wissen. Die zurückgelassene Welt des Tanzes beschäftigt sie geistig. Erinnerungen werden heraufgereizt, durch Ballettmusik verstärkt, die sie von Schallplatten hört. Sie denkt an Freunde und Kollegen in dieser Welt und ihr eigenes Ausgeschlossensein.

Über alledem dringt sie zu der Erkenntnis vor, daß sie hier in der Welt des Sanatoriums sich nicht äußerlich, sondern auch innerlich dem Ballett entfremdet hat. Sie fühlt sich einsam und verspürt ein bisher unbekanntes Verlangen nach dem Mann als Sexualpartner, gerade als sei ihre Frigidität durch die innere Distanz zum Ballett aufgelöst worden. Der junge Sanatoriumsveteran christkatholischer Provenienz behandelt sie als geschlechtsloses Wesen. Es kommt zwischen ihnen sogar zu einer leisen Verstimmung, weil er – dafür gänzlich unqualifiziert, wie Julika meint – sich ein Mitspracherecht in Ehedingen anmaßt und ihr eine gewisse Schuld Stiller gegenüber aufbürdet.

Plötzlich, inmitten mildblauer Septembertage, ereilt den jungen Mann der Tod. Julikas Schock ist groß. Sie flieht aus Davos. In Lanquart, beim Warten auf den Zug Zürich-Basel-Paris-Calais erleidet sie einen Erstickungsanfall. Nach dreistündiger Fahrt im Krankenwagen trifft sie wieder im Sanatorium ein, in so elendem Zustand, daß man versucht, Stiller herbeizurufen. Aber es zeigt sich, daß dieser in Paris weilt, ohne seiner Frau davon Kenntnis gegeben zu haben.

Nach einigen Tagen trifft ein kurzer liebloser Brief von ihm ein, der statt Mitleidsbekundungen Vorwürfe enthält. Fast drei Wochen vergehen, bis Stiller selber erscheint. Es wird ihre letzte Begegnung, und auch hier redet er nur von sich selbst, einschließlich „seiner Niederlage in Spanien". (S.136)

Der Erzähler trägt an dieser Stelle Stillers Spanien-Erlebnis nach. Man hatte den Freiwilligen Stiller vor Toledo mit der Bewachung einer Fähre betraut. Doch er schießt nicht, als vier Franco-Spanier die Fähre benutzen, obwohl er im Hinterhalt den Vorteil auf seiner Seite hat. Er redet sich damit heraus, sein russisches Gewehr hätte versagt. Später bekennt er, es einfach nicht fertiggebracht zu haben, vier Menschen zu töten. Was ihm zehn Jahre lang als ein Sieg des Menschlichen gegolten hatte, definiert er jetzt selber als eine Niederlage in Spanien.

Stiller gesteht Julika, daß er von Pontresina kommt, wo er den endgültigen Bruch mit seiner Geliebten Sibylle vollzogen hat. Und nun will er auch mit Julika endgültig brechen. Sie begreift den logischen Zusammenhang nicht. Stiller erklärt seinen Wunsch mit seinem eigenen Versagen. Er reiht aneinander: Spanien; die Angst, nicht zu genügen; das Versagen vor der Aufgabe, Julika „zum Blühen zu bringen" (S. 143); er wirft ihr Hochmut und Narzißmus vor sowie ihren Fluchtversuch zu dem vermeintlichen Zweck, sich Stillers schlechtes Gewissen zu sichern. Julika repliziert mit dem Bildnis-Gebot, ohne ihn umstimmen zu können. Stiller geht, um nicht zurückzukehren und bleibt für Julika fortan verschollen.

Drittes Heft

Im Zeughaus wird Stiller die Reservistenausrüstung vorgelegt, nicht ohne Vorwürfe ob ihres vernachlässigten Zustandes. Der Gewehrlauf ist verrostet und der Mantel von Ungeziefer zerfressen. Als er angibt, James Larkin White, New Mexiko, USA zu sein, reagiert der verantwortliche Zeughaus-Leutnant verlegen.

Wilfried Stiller ist betrübt über das Ausbleiben eines Antwortbriefes. Der Erzähler nimmt sich deshalb vor, bald zu schreiben.

Am Sonntag erscheint Wärter Knobel in Zivil zu einem Besuch, um von seinem Schutzbefohlenen über den vierten Mord etwas zu hören.

Dieser dient ihm mit der Höhlengeschichte des Cowboys James Larkin (Jim) White, und es zeigt sich, daß Stiller dessen Namen angenommen hat:

> Seines Cowboyalltags überdrüssig, unternimmt Jim White einen ausgedehnten Ritt und entdeckt dabei den Eingang zu einer Grotte, die riesige Ausmaße zu haben scheint. An seinem nächsten

freien Tag will er sie – diesmal mit einer Laterne ausgestattet – untersuchen, findet aber den Eingang nicht mehr. Erst Wochen später, nach manchem vergeblichen Versuch, zeigen ihm aufsteigende Fledermäuse den Eingang wieder. Er dringt in die Tiefe vor, findet ein ganzes System von unterirdischen Höhlen und wird durch das Skelett eines Verunglückten vor der Versuchung bewahrt, zu spät an Rückkehr zu denken.

Gemeinsam mit seinem Cowboy-Freund, der ebenfalls Jim heißt, und versehen mit dem Nötigen an Ausrüstung, dringt der Entdekker tiefer in das Innere des unterirdischen Labyrinths vor. Die verwirrende Pracht und Abstrusität der Tropfsteingebilde locken sie weiter und weiter. Als der mitgenommene Freund sich den linken Fuß bricht, in der „siebenundsechzigsten Stunde des Abenteuers" (S. 162), kommt allmählich Feindschaft auf zwischen den beiden Männern. Der Verunglückte fürchtet, allein gelassen zu werden. Sein Partner hat Angst davor, im Schlaf seines Mundvorrats beraubt zu werden. Sie belauern einander ruhelos. Ihre Furcht voreinander eskaliert und führt schließlich zum Faustkampf und einem mörderischen Ringen, das endlich den Stärkeren allein aus dem Labyrinth entkommen läßt. Sein Name ist bekannt: Jim White. Und eine Tafel nennt als Jahreszahl für den ersten Höhleneinstieg dieses Mannes 1901.

Selbst der gläubige Knobel wird jetzt stutzig. Auf seine erstaunte Frage: „... sind Sie den Jim White?" rückt der Erzähler von dieser Fiktion zum ersten Male verbal ab: „Nein", lache ich, „das gerade nicht! Aber was ich selber erlebt habe, sehen Sie, das war genau das gleiche – genau". (S. 169)

Stiller verbringt einen Nachmittag mit Julika auf dem See beim Segeln und Baden. Man ist das erstemal wieder miteinander allein. Ihre Ankündigung, für eine Woche nach Paris zu müssen, trifft auf sein Bedauern. Er wird sie vermissen.

Stiller hat einen militärischen Traum. Der Krieg ist ausgebrochen. Man schreibt den 3. September 1939. Ihm will der Gleichschritt nicht gelingen, und ein Offizier droht ihm zur Strafe mit einem Himmelfahrtskommando.

Sein Verteidiger, vermutlich Major nach seinem Dienstgrad, sieht in diesem Traum eine Art antischweizerischen Gesinnungsausdruck. Er fühlt sich in der Offiziersehre berührt.

Stiller schreibt dem Bruder des Verschollenen endlich einen Brief. Er schließt mit der Feststellung, eigentlich spiele es gar keine Rolle, wer er sei, „wäre ich bloß ein wirklicher Bruder!" (S. 172)

Mittlerweile ist bewiesen, daß der amerikanische Paß auf den Namen White unecht ist.

Der Staatsanwalt, soeben aus dem Pontresina-Urlaub zurückgekehrt, spricht mit Stiller über New York. Dieser tischt die Geschichte vom angeblichen Tod seines eigenen Stiefvaters in einer Straße des New Yorker Slum-Viertels, der Bowery, auf. Er erzählt von sommerlichen Wochenend-Autofahrten in die Umgebung der Riesenstadt. Der Staatsanwalt nimmt an, Stillers Begleiterin sei dabei seine eigene Frau Sibylle gewesen, was Stiller jedoch verneint.

Ein Brief von Wilfried Stiller trifft ein, der sich dafür entschuldigt, daß er „von Amts wegen zu einer Konfrontation genötigt" (S. 180) ist. Er erwähnt die „Smyrnow-Affäre".

Auch Julika, mit der Stiller des schlechten Wetters wegen einen Nachmittag im Hotel verbringt, weiß diesen Begriff nicht zu deuten.

Wieder träumt Stiller von der Uniform.

Beim Hofgang denkt er über vergangene Zeiten nach und wird sich gewahr, daß er keine Sehnsucht nach den New Yorker Tagen verspürt.

Julika erscheint ihm völlig anders, als sie der verschollene Stiller gesehen hat. Ein Erlebnis scheint sie gründlich verwandelt zu haben. Er fragt sich, wer wohl der Pariser Adressat von Julikas Brief an Jean-Louis Dmitritsch sein mag.

Der Staatsanwalt, von Stiller „mein Freund" (S. 182) genannt, ist ihm sympathisch in seinem Lächeln: „Sein Lächeln ersetzt mir den Whisky."

Dem Verteidiger erzählt Stiller die Geschichte von der Mulattin Florence, freilich in einer anderen Version, als sie Knobel zu hören bekommen hat:

> Die grazile Florence, Tochter eines farbigen Dockarbeiters, der des Erzählers Nachbar war, sah er einst täglich. Er träumte von ihrem gazellenhaften Gang, ihrem Lächeln, ihrer Art zu tanzen. Als sie einen Sergeanten der US-Army heiratet, wird er zur Hochzeitsfeier eingeladen. Für drei Flitterwochen hat Joe, der sonst in Frankfurt ,Germany, stationiert ist, Urlaub bekommen. Um Florence in dieser Zeit wenigstens zu sehen, besucht der Erzähler den Gottesdienst der Second Olivet Baptist Church, der farbige Amerikaner in einer lagerschuppenartigen Baracke vereinigt. Florence wirkt im Chor der Engel mit. Nachdem Joes Urlaub vorüber ist, kehrt Florence, zwar verheiratet, aber unverändert in ihres Vaters Haus zurück.
>
> Anders als Isidor, Rip van Winkle und Jim White fand sie ohne Verlust ihrer Identität den Rückweg ins alte Leben.

Julika hat die Reise nach Paris verschoben. Sie will nicht auf den gemeinsamen „Kautionsnachmittag" (S. 191) verzichten.

Die schon mehrfach in Rede stehende „Smyrnow-Affäre" erfährt eine Erklärung: Smyrnow, ein sowjetischer Agent, in der Schweiz mit der Organisation eines politischen Mordes betraut, hatte am 18. 1. 1946 in Zürich mit einem unbekannten Schweizer Mittäter verhandelt. Weil Stiller kurz darauf verschwunden war, hat man angesichts seines spanischen Engagements für die Linke einen Zusammenhang konstruiert.

Mit Dr. Bohnenblust kommt es zu einer kontroversen Debatte über die Freiheit in der Schweiz. Was der Jurist Vaterlandsliebe heißt, nennt Stiller „Verlogenheit in ihrer gefährlichsten Form" (S. 194). Er behauptet nachdrücklich, daß auch das Schweizer Bürgertum anfällig sein könnte für den Faschismus, wenn es nur gut fürs Geschäft wäre.

Mit dem Staatsanwalt, dessen Frau ein Kind erwartet, hat Stiller die besseren Gespräche. Zum Beispiel über grundsätzliche Erwägungen zur Ehe. Stiller hört ihm zu, indem er den Blick auf das Foto gerichtet hält, welches Sibylle zeigt, die schöne Frau des Staatsanwalts und Stillers ehemalige Geliebte.

Stiller hört von Julika, daß Jean-Louis Dmitritsch Pianist der Pariser Tanzschule ist.

Ausgehend von der Literatur – Anna Karenina und Effi Briest – setzt der Staatsanwalt bei anderer Gelegenheit die Ehe-Erörterung fort. Es scheint ihn zu beschäftigen, daß großzügiges Verhalten als verlassener Ehemann ihm selbst „nicht ohne weiteres gelungen ist." (S. 197) Immerhin hat Stiller Sibylle „bis zur Grenze des Erträglichen (für ihn) geliebt." (S. 198)

Selbst Knobel, sein gläubigster Zuhörer, hat es aufgegeben, den Erzähler fürderhin mit White anzureden. Er nennt ihn – wenngleich mit um Nachsicht bittenden Untertönen – jetzt schlicht „Herr Stiller".

Viertes Heft

Der Staatsanwalt Rolf hat die Geschichte seines fluchtartigen Aufbruchs nach Genua erzählt: Nachdem er seinerzeit von Sibylles Verhältnis zu einem anderen Mann erfahren hatte, war er überstürzt mit irgendeinem Nachtzug losgefahren. Er reiste ohne Gepäck, den Kopf voller „Pläne von knäbischer Rachsucht" (S. 199). Die Frage einer Scheidung war von Sibylle offengehalten worden, nur in Ruhe sollte er sie lassen – vorerst.

Im Widerspruch zu seinen Theorien über jenes Maß an Freiheit, das zu einer Ehe gehört, war er besonders erbost über ihre Versicherung: „Ich nehme mir die Freiheit schon selbst, wenn ich sie brauche." (S. 200) Sie sprach ihm schlankweg das Recht ab, Freiheiten großmütig zu gewähren.

Sibylle war nicht bereit gewesen, die Identität ihres Liebhabers preiszugeben und hatte lediglich bekannt, daß sie noch nicht recht wisse, ob sie diesen wirklich liebe. So findet sich der Davongelaufene in

Genua wieder, ohne im Grunde zu wissen, was er hier eigentlich soll. Eine Hafenrundfahrt und Wein im Ristorante vertreiben nur notdürftig die Zeit. In seinem verwirrten Zustand fällt er einer offensichtlich abgekarteten Gaunerei zum Opfer. Sie kostet ihn 20 000 Lire, wofür er den Besitz eines angeblichen Herrenkleiderstoffes von fleischfarbenunverkäuflicher Scheußlichkeit eintauscht, den man nicht einmal verschenken kann. Auf der Bahnhofstoilette bleibt das lästige Paket schließlich zurück.

Die Hoffnung, Sibylle werde ihn zurückrufen, trügt. Vorsichtshalber, damit es auch gelingen könnte, hat er brieflich seinen Aufenthaltsort bei der Sekretärin deponiert. Während der vier Genueser Tage denkt er an seine Ehe, die scheinbar so sicher war, dank kluger Theorien über begrenzte Freiheit und Gleichberechtigung der Partner. Sibylles Liebelei mit einm Pierrot beim Maskenball beispielsweise, hatte ihn kaum irritiert, zumal er um diese Zeit den Kopf voller Karrieregedanken trug. Ihr vermeintliches Interesse an dem jungen Architekten Sturzenegger - einem Freund Stillers - wurde eher beiläufig registriert. Während der Zeit in Genua lernt Rolf an sich „ein nie vermutetes Quantum von Sentimentalität" (S. 208) kennen. Eifersüchtige Vorstellungen wechseln mit der Einsicht, sich über das wahre „Niveau seiner Gefühle" (S. 208) getäuscht zu haben. Als endlich für ihn ein Telegramm kommt, stammt es enttäuschenderweise von der Sekretärin.

Noch im Zug nimmt er sich vor, Sibylle durch seine Haltung ohne Entrüstung oder Anklage zu besiegen. Dann aber überkommt ihn die Furcht, sie könnte ihn verlassen haben.

Gleichsam als Einfügung in das Protokoll dieser Geschichte, in die Gegenwart springend, teilt der Erzähler mit, Sibylle habe am Vortage ein siebenpfündiges Mädchen zur Welt gebracht.

Rolf findet die Wohnung unbeleuchtet vor und verbringt die Nacht im Hotel. Am folgenden Morgen sucht er die Baustelle seines Hauses auf und findet dort Sturzenegger. Er verdächtigt den jungen Architekten als möglichen Liebhaber Sibylles.

Eine Zwischenfrage Stillers ergibt: Sibylle hat den Namen ihres Geliebten erst bekanntgegeben, als dieser verschollen war.

So lebt einen Sommer lang das Ehepaar nach außen hin in voller Harmonie, nach innen aber mit „gräßlicher Halbheit" (S. 220), die schlimmer empfunden wird als ein handfester Ehekrach. Im September wird Rolf zum Staatsanwalt ernannt. Im Oktober ist das neue Haus bezugsfertig.

Am Tage der Hausabnahme will Rolf um jeden Preis Klarheit gewinnen. Er sagt Sturzenegger seinen Verdacht auf den Kopf zu, erntet aber, da derselbe völlig unzutreffend ist, nur Unverständnis, und nichts wird geklärt.

Rolf reagiert sich ab durch Arbeitswut in seinem neuen Amte. Ausgerechnet als der Umzug vonstatten geht, reist Sibylle zu einer Freundin nach Sankt Gallen. Das Fehlen der Hausfrau bewirkt ein Chaos. Rolf ist wütend. Beinahe zeitgleich treffen in jener Woche ein: eine Postkarte von Sturzenegger aus Amerika, die diesen außer Verdacht bringt sowie der Anruf eines erregten Herrn namens Stiller aus Paris, der hören will, wo Sibylle sich aufhält. Rolf erkennt in ihm sofort den Maskenballpierrot.

Bei ihrer Rückkehr sucht Sibylle Rolf im Büro auf. Wie beiläufig erwähnt er Stillers Anruf und fügt hinzu: „... offenbar dein Liebhaber". (S. 229) Ein Zerwürfnis entsteht aus der Situation. Sibylle geht bis Anfang Dezember nach Pontresina. Als sie zurückkehrt, schlägt Rolf die Scheidung vor. Zu seiner größten Verwunderung meldet sich Sturzenegger aus Kalifornien und bietet Sibylle eine Sekretärinnenstelle an. Wieder sind alle Fragen offen. Wenige Tage vor Weihnachten fährt Sibylle mit dem kleinen, noch im Vorschulalter befindlichen Hannes nach Le Havre, um sich für Amerika einzuschiffen. Rolf hat vergeblich auf eine Geste der Versöhnung von ihrer Seite gewartet.

Fünftes Heft

Der Verteidiger organisiert im Rahmen seiner Verteidigungs-Strategie eine Begegnung mit Kritikern, die sieben Jahre früher Stillers Kunst zum Teil heftig und schonungslos verrissen haben.

Julika verreist. Als Abschiedsgruß hat sie teure Zigarren gebracht, die leider wieder von der falschen Marke sind.

Stiller erhält den Besuch eines bejahrten Ehepaares. Professor Haefeli und seine Frau sind die Eltern des homosexuellen Pianisten Alex, der mit fünfundzwanzig Jahren Selbstmord begangen hat. Sein Abschiedsbrief nennt keinen Grund für die Selbsttötung, berichtet aber von einem letzten, ausführlichen Gespräch mit Stiller. Über dessen Inhalt soll er jetzt Rede und Antwort stehen. Er rettet sich in Ausflüchte.

Julika schreibt aus Paris an „Herr A. Stiller". Der Brief kommt an. Stiller vernichtet ihn, wohl wissend, daß damit gar nichts gewonnen ist. Er reflektiert über die Unmöglichkeit, dem eigenen Versagen zu entkommen. Was ihn verwirrt, ist die Selbstverständlichkeit, mit der andere für sein Leben nehmen, was er nie als seine wahre Identität angenommen hat.

Der Staatsanwalt schlägt vor, Stiller solle Sibylle in der Entbindungsstation besuchen.

Willi Sturzenegger kommt zu Besuch. Getreu seiner Rolle, empfindet Stiller den Besuch als ein Spiel: „Eine volle Stunde lang spielen wir Sturzenegger und Stiller..." (S. 240). Ihre Gesprächsthemen reichen vom Kommunismus bis zum Schweizer Bauschaffen, von der Altstadtsanierung bis zum nationalen Schrifttum. Stiller bleibt im Sagen und Denken beständig der Kontrahent seines Besuchers. Sein Abschiedswort für Sturzenegger – von diesem als Scherz genommen – heißt „Arschloch" (S. 246).

Stiller träumt von Julika, die um Erlösung von einem Zwang fleht.

Stiller besucht Sibylle in der Frauenklinik. Er bringt ihr Gladiolen, die mit Rolfs Geld bezahlt sind.

Der Besuch bei Sibylle bewegt Stiller zu einer Art Selbstcharakterisierung, die im Kern darauf hinausläuft: er will nicht er selbst sein. Stiller braucht einen Zahnarzt. Anhand einer unbezahlten Rechnung bei seinen Akten, findet man heraus, wo er früher behandelt worden ist. Dort soll er wieder hingeführt werden, auf neue Beweise für die Identifizierung rechnend. Zum Bedauern des Verteidigers ist aber der frühere Praxisinhaber verstorben. Sein Nachfolger kann Stiller gar nicht persönlich kennen.

Sechstes Heft

Stillers Atelier wird beschrieben. Seine besonderen Attraktionen: ein langes romantisches Ofenrohr mit fünf Windungen und der Ausblick von der begehbaren Dachzinne. Sibylle besucht ihn dort. Ihre Bekanntschaft mit Stiller rührt vom Künstlermaskenball her, wo sie mit ihm einen massiven Flirt hatte. Dann war eine Aperitif-Begegnung gefolgt und ein gemeinsamer Spaziergang, der auch seine zärtlichen Augenblicke kannte.

Sibylle will die Geschichte vom russischen Gewehr in Spanien hören. Stiller weicht anfänglich aus in die lebhaft gestikulierende Beschreibung eines Stierkampfes, die sie nur mäßig fesselt. Dann kommt es zu einem angeregten Gespräch über das im Bau befindliche hochmoderne Haus. Schließlich bleibt Sibylle zu einem von Stiller bereiteten Abendessen. Danach erst kommt die Rede auf den spanischen Bürgerkrieg. Er erwähnt seine erste Liebe, die polnische Medizinstudentin Anja, und schließlich auch die Begebenheit mit dem russischen Gewehr, das zur Ausrede herhalten mußte. Stiller hat wieder und wieder von seinem damaligen Versagen geträumt. Er hält es für „den typischen Traum der Impotenz" (S. 266).

In Sibylle kämpfen einander widerstreitende Gefühle. Obwohl sie schon im Mantel steht, um von Stiller wegzugehen, fordert sie ihn dann, einer plötzlichen Eingebung folgend, auf, mit ihr im Auto eine Fahrt zu unternehmen. In einem Landgasthof verbringen sie die Nacht zusammen.

Am folgenden Tag fühlt sich Sibylle glücklich – bis zu dem Augenblick, wo sie auf dem Flughafen des aus London heimkehrenden Staatsanwalts ansichtig wird. Der Ehebruch läßt sie ihren Mann plötzlich ganz anders sehen. Der Abend daheim vergeht voller wechselnder Spannungen zwischen den Eheleuten, bis sie der Versuchung nachgibt und ihren Liebeskontakt zu einem anderen Mann gesteht. Rolf verreist – Sibylle glaubt, um sie in Ruhe zu lassen – für ein paar Tage.

In den folgenden Wochen bleibt das Liebesverhältnis zwischen Stiller und Sibylle ohne festes Obdach, und es leidet darunter. Das Atelier scheidet aus, denn wie ein unsichtbarer Schatten scheint die in Davos befindliche kranke Julika zwischen ihnen zu stehen. So schlägt Sibylle vor, nach Paris zu fahren. Doch bevor es – nach etlichen Anläufen – wirklich dazu kommen soll, verliert Sibylle „alle echte Lust" (S. 275). Stiller will erst nach Davos fahren, um mit Julika über die eingetretene Veränderung zu sprechen.

Jener „zermürbende Sommer" (S. 219) wird hier aus Sibylles Perspektive geschildert, den man schon aus des Staatsanwaltes Sicht kennt.

Die vermeintliche Gleichgültigkeit des Ehemannes gegenüber ihrem Verhältnis mit Stiller bereitet ihr Pein. Aus Davos kehrt dieser unverrichteterdinge zurück. So unterbleibt die Reise nach Paris erneut. „... in jenem Sommer oder Herbst" (S. 278) ist Sibylle von Stiller schwanger, wovon er aber nichts erfährt. Beim gemeinsamen Segeln mit ihm denkt Sibylle über ihren Ehemann und ihren Geliebten nach: „Beide zusammen in einer Person, das wäre es gewesen!" (S. 281)

Mit einem Zeitsprung in die Erzählgegenwart geht der Erzähler ein auf eine Überzeugung, die Sibylle noch heute vertritt und die als Resultat ihrer Gedanken über das Verhältnis zwischen den Geschlechtern in der Formulierung gipfelt: „Männer sind komisch!" (S. 281) Und zwar deshalb, weil sie Beruf und Alltag immer wieder über die Liebe zu einer Frau stellen und dafür auch noch deren Verständnis fordern.

Ende September kann sie einer Entscheidung nicht ausweichen. Stiller will jetzt mit ihr nach Paris, und der Umzug ins neue Haus steht unmittelbar bevor. Als sie mit Hannes eine Kindervorstellung im Zirkus besucht, fällt hier ihre Entscheidung: für Stiller, für Paris, für das Abenteuer. Angeregt wird Sibylle durch den Anblick einer Schokoladenverkäuferin im Kostüm – einer unabhängigen, dem Leben tapfer gegenübertretenden Frau also.

Am Abend freilich muß sie bei Stiller erfahren, daß keineswegs sie der Reisegrund für Paris ist, sondern eine berufliche Notwendigkeit, und folglich ist auch Frau Julika gegenüber gar nichts geklärt worden. So tritt Stiller die Reise ohne sie an, wobei er freilich hofft, Sibylle werde doch nachkommen. Ihrem Mann offenbart sie, in St. Gallen eine Freundin aufzusuchen für die Dauer einer Woche. In Wahrheit läßt sie Stillers Kind abtreiben.

Es kommt nach ihrer Rückkehr zu jener Begegnung im Staatsanwaltsbüro, die Sibylle freilich ganz anders erlebt als Rolf. Sie ist gekommen, um eine echte Aussprache zu suchen, meint aber erkennen zu müssen, daß sich ihre eigenen Vorstellungen von der Ehe mit den seinen nicht in Übereinstimmung bringen lassen. Das Ergebnis ist bekannt. Sibylle gerät nach Pontresina, weil sie zufällig ein entsprechendes Werbeplakat am Wege gesehen hat. Ebenso fahrplan-zufällig war Rolf nach Genua gelangt.

Eine Art Zwischenmitteilung nennt Freitag in einer Woche als Termin für die Konfrontation mit dem diplomierten Landwirt Wilfried Stiller.

Der Erzähler protokolliert weiter: Stiller ruft oft in Pontresina an. Zu Sibylles Unwillen hört sie dabei Töne wie von einem „Pascha" (S. 292). Eines Tages steht er vor ihr. Doch Vertrautheit will zwischen ihnen nicht aufkommen, auch nicht beim abendlichen Besuch in einem Nobel-Restaurant. Auf dem Rückweg ins Hotel spricht Sibylle von ihrer Liebe unwillkürlich als von etwas Vergangenem: „Ach, Stiller, (...) ich habe dich wirklich sehr liebgehabt –" (S. 297).

Für zwei Tage verschwindet Stiller, trotz einer Verabredung zum Frühstück. Als er erscheint, kommt er geradewegs von Julika aus Davos, wo er mit der Schwerkranken endgültig gebrochen hat. Sibylle reagiert entsetzt: „... das ist doch Mord" (S. 298).

In einem schlichten Gasthaus nehmen sie ihr Abendessen und mieten ein Zimmer für die Nacht. Stiller hat aus Paris ein Parfüm „Iris Gris" (S. 302) für sie mitgebracht, das er am Place Vendôme unter grotesken Umständen ausgewählt hat. Bevor sie sich zurückziehen, gesteht Sibylle, ihn inzwischen mit zwei verschiedenen Männern betrogen zu haben, weil sie sich auf diese Weise rächen wollte. Stillers verständnisvolle Reaktion läßt einen gemeinsamen Weg wieder als möglich erscheinen, doch es folgt nur eine „Scherbennacht" (S. 303). Der Abschied am Morgen fällt kühl aus. Danach haben sich beide nicht mehr gesehen. Sibylle reist am gleichen Tag nach Zürich zurück, wo Rolf Scheidungsbereitschaft signalisiert. Kurz vor Weihnachten bricht sie mit dem kleinen Hannes nach Amerika auf.

Wieder erfolgt eine Terminmitteilung: Die Urteilsverkündung findet statt am Dienstag in acht Tagen.

Sibylle bleibt in New York. Sie hat eine Stelle für 80 Dollar die Woche als Übersetzerin von Geschäftsbriefen gefunden. Sturzenegger, der gekommen ist, sie nach Kalifornien zu holen, nimmt ihr die Absage nicht übel. Hannes kommt ins Kinderheim. Eines Tages glaubt sie, Stiller im Central Park gesehen zu haben. Wenige Tage später begegnet er ihr – vermutlich – auf der Rolltreppe zur Subway. Fleiß aus Verzweifelung rettet sie über die Öde ihrer Tätigkeit hinweg. Als sie eines Tages kündigen will, hält sie die Firma durch Lohnverdoppelung in ihrem Dienst. Jetzt kann sie eine bessere Wohnung bezahlen und fühlt sich erheblich wohler. Amerika fängt an, ihr zu gefallen. Dennoch vermißt Sibylle die europäische Atmosphäre mit ihrer menschlichen Wärme, ihrem Gefühlswert. Sie empfindet zunehmend Mühe mit der „leutseligen Beziehungslosigkeit" (S. 310) vieler Amerikaner. Als Rolf sie unvermittelt in Amerika besucht, kommt es zur Aussöhnung: „Auch Sibylle fühlte, daß die Welt, wie groß sie auch sein mochte, keinen Menschen hatte, der ihr näherstehen könnte als dieser Rolf, ihr Mann; die leugnete es nicht." (S. 312)

Siebentes Heft

Beim Zahnarzt wird dem Erzähler der Röntgenstatus des Verschollenen vorgehalten. Der Vierer-unten-links müßte danach eigentlich nervtot sein. Zur Verwunderung des jungen Praxisinhabers ist er es nicht. Gegen die Behandlung als „Herr Stiller" (S. 314) kann er sich nicht wehren.

Eigentlich ist es nur wirklich wichtig, von Julika nicht verwechselt zu werden. Sich überall und immer gegen die Stiller-Anrede zu wehren, gliche einer Sisyphosarbeit.

Stiller erinnert sich an den Totentag in Mexiko und den dabei von indianischen Frauen zelebrierten Ritus.

Rolf eröffnet ein Gespräch mit dem Satz: „Die weitaus meisten Menschenleben werden durch Selbstüberforderung vernichtet." (S. 317). Um Lebenslüge und Selbstentfremdung, Selbstüberforderung und Selbstannahme geht es; das Wort „Den lieb ich, der Unmögliches begehrt" (S. 318) aus Faust II steht in Rede, ebenso wie Selbsterkenntnis und die Existenz einer absoluten Realität, die menschlicher Deutung entzogen bleibt.

Stiller fragt sich, warum Rolf das Wort „Gott" konsequent vermeidet. Er bekennt sich zum Motiv seiner Hoffnungen und Wünsche: „Ich bin ganz einfach nicht bereit, ein nichtiger Mensch zu sein." (S. 320) Julika weilt noch immer in Paris.

Stiller besucht gemeinsam mit Wilfried das Grab der vor vier Jahren verstorbenen Mutter. Danach suchen sie eine Wirtschaft auf und sprechen über ihre Erinnerungen. Wilfried, der fünf Jahre Jüngere, weiß von ganz anderen Eigenschaften zu berichten, als sie Stiller kennt. Im einen Fall streng, konsequent im Strafen, besonnen, unbestechlich, praktisch und auf eine Erziehung zum Geldverdienen bedacht, lebt die Mutter in Stillers Erinnerung fort als liebevoll, versöhnlich, seiner Zukunft zuversichtlich vertrauend, stolz auf seine Begabung, auf Gedeih und Verderb mit ihrem Ältesten verbündet.

Von Wilfrieds Haltung ihm gegenüber ist Stiller beeindruckt. Zwar findet der Landwirt des anderen Lebensweise unverständlich, aber er achtet sie mit der schönen Selbstverständlichkeit eines Bruders.

Gegenüber Bohnenblust verweigert Stiller neuerlich das Bekenntnis seiner Identität.

Er reflektiert über das Schreiben. Sein Fazit: Schreiben ist Kommunikation mit dem Unaussprechlichen, das heißt mit der Wirklichkeit, die bedrängt und bewegt.

Stiller wartet auf einen Brief von Julika.

Freunde von früher suchen ihn auf. An diesem Tag gleich fünf auf einmal. Stiller redet sie mit dem unvertrauten 'Sie' an, beschränkt sich wesentlich aufs Zuhören und empfindet sich „nicht wirklich als ihren Freund". (S. 329)

Stiller träumt, Julika habe ihn verraten. Er muß in einem Lager als Häftling Fotos an Baumstämme zwecken. Man nennt das „kreuzigen" (S. 330). So kreuzigt er auch Julikas Illustriertenfoto.

Stiller reflektiert über seine Lage: „... ich weiß, meine Lage wird unhaltbar ..." (S. 330). Dennoch beharrt er darauf, nicht der Verschollene zu sein.

„Julika noch immer in Paris" (S. 330) lautet eine Zwischenbemerkung.

Stiller erinnert sich der Frauen in seinem Leben und seines Verhältnisses zu ihnen: der Mutter, der Polin Anja in Spanien, seiner Frau Julika und der Rolle, die sie für seine Überfahrt nach Amerika als blinder Passagier gespielt hat, seiner Geliebten Sibylle, der Tochter eines konservativen Senators, die mit ihm am Michigansee war, der Nachbarstochter Florence.

Jetzt, eingehüllt in gewollte Realitätsferne, werden seine Gedanken beherrscht von Frau Julika Stiller-Tschudy, die er gleichsam verfremdend eine Frau nennt, „die noch nie geliebt worden ist und noch nie geliebt hat". (S. 336)

Er gibt sich Rechenschaft über seine Stellung zu Julika und denkt sich eine fiktive Erklärung für sie aus, in der er ihr seine Liebe gesteht, vorausgesetzt, wenigstens sie allein hält ihn nicht für den verschollenen Stiller.

Bohnenblust teilt mit, das Plädoyer sei fertig, und Frau Julika habe per Postkarte ihre Rückkunft avisiert.

Stiller reflektiert über seine Unfähigkeit zu beten. Er fühlt sich nicht ergeben genug, um die Hoffnung fahren zu lassen, er könnte sich selbst entgehen.

Im Folgenden wird ein „bitterer Tag" (S. 340) protokolliert. Am Vormittag bringt Knobel den Häftling zum Staatsanwalt. Man muß im Vorzimmer warten, weil die Befragung des Direktors Schmitz noch andauert. Es ist just derselbe, den Stiller als „Haarölgangster" (S. 340) bezeichnet und angeblich auf Jamaika umgebracht hat. Dazu angeregt, Knobel diese Geschichte zu erzählen, hatte ihn eine Begebenheit, von der jetzt die Rede ist. Schmitz hatte ihm seinerzeit das halbe Honorar für eine Auftragsarbeit vorenthalten und den völlig Mittellosen auf den Klageweg verwiesen, wohl wissend, daß dafür kein Geld vorhanden war.

Der Staatsanwalt lädt Stiller zum Mittagessen ein; sie fahren hinaus zu einer Gartenwirtschaft. Die herbstliche Landschaft reizt Erinnerungen herauf an Vergangenes: Spaziergänge, paarweise Landschaftserlebnisse, Schwimmen im See. Rolf kündigt für den Nachmittag einen vom Verteidiger gewünschten Lokaltermin in Stillers Atelier an. Im Einvernehmen mit Sibylle rät er dazu, noch vor der Verhandlung die Anerkennung der Stiller-Identität auszusprechen. Es ist der Rat eines Freundes, und er bittet darum, in Zukunft mit Rolf angeredet zu werden. Stillers Replik gipfelt in dem Satz: „Wenn Sie mein Freund sind, dann müssen Sie auch meinen Engel in Kauf nehmen." (S. 351) Erklären, was der Engel ist, kann er nicht; denn „... sobald ich ihn zu schildern versuche, verläßt er mich ..." (S. 351)

Am Nachmittag im Atelier findet sich alles so, wie es Frau Sibylle erinnernd beschrieben hat, nur unendlich staubig. Sogar ein paar Lehmarbeiten Stillers stehen noch da, sacktuchumwickelt und völlig ausgetrocknet. Ein Hausierer, der unerwartet an der Ateliertür erscheint, wird abgefertigt. Julika und Bohnenblust lassen auf sich warten. Bei ihrem Eintreffen hat Julika einen Hund auf dem Arm, „es ist wieder ein Fox" (S. 362). Der Staatsanwalt entfernt sich, weil er als Freund an dem Ereignis nicht teilhaben will, das er dem Verteidiger nicht verweigern konnte.

Stiller versucht, Julika im Sinne seiner in Gedanken vorbereiteten Erklärung davon zu überzeugen, „warum sie, so sie mich wirklich liebt, kein Geständnis von mir braucht, daß ich ihr verschollener Gatte sei." (S. 363) Doch das gelingt nicht. Julika bleibt Bohnenblusts Bemühen verbündet. Stiller ist eben im Begriff, die Lehmmulden des Verschollenen zornig zu Staub zerrieseln zu lassen, als es erneut klingelt. Während Knobel geht, den Besucher heraufzuholen, läßt der Verteidiger einen beschwörenden Wortschwall los, der Stiller zum Einlenken bewegen soll. In ihm sind von der Mahnung zur Vernunft bis zur Verpflichtung durch den Schweizer Patriotismus alle Platitüden enthalten, die sich, bezogen auf den Vorgang, nur unterbringen lassen. Im Augenblick, wo Bohnenblust endet, führt man Stillers Stiefvater aus dem Altersasyl herein. Diese Niedertracht des Verteidigers löst bei Stiller zornige Hilflosigkeit aus, und er beginnt die künstlerische Hinterlassenschaft des Atelierinhabers tobend zu zerschlagen. Die Bronzen wirft er aus dem Fenster auf ein Blechdach. Menschen kommen nicht zu Schaden.

Es folgt eine Kernstelle des Romans. Aus dem Gefühl heraus gegenüber dem Lauf der Dinge ohnmächtig zu sein, gesteht Stiller jetzt ein: Vor zwei Jahren hat er erfolglos versucht, sich das Leben zu nehmen. Ein Streifschuß hat ihn verletzt, und er lernte das schreckliche Gefühl kennen, „plötzlich nichts mehr zu können" (S. 375), auch nicht zu sterben. (S. 375)

Betäubungsmittel taten in diesem Zustand ihre Wirkung, nicht ohne ihn psychisch stark zu belasten. Wieder und wieder brachten sie ihn dem Schrecken näher: „Ich kann hier lediglich sagen, daß es dieser Schrecken ist, was ich 'meinen Engel' nenne ..." (S. 375)

Stiller erfährt, die Urteilsverkündung sei von 16 Uhr am Nachmittag auf 10 Uhr 30 vorverlegt.

Stiller hat über seinen Suizid-Versuch noch nie mit jemandem gesprochen. Er vermag auch jetzt keine Sinndeutung zu geben. Schreckliche Träume haben ihn seinerzeit gequält. Er hat sich dieser Handlung nie geschämt. Und erst als rasender Schmerz einsetzte, wußte er sich dem Leben zugeneigt. Für den damals Achtunddreißigjährigen war es die Stunde seiner Geburt. Und zu diesem neuen Leben bekennt er sich jetzt mit jener „Unbedingtheit, die auch das Lächerliche nicht zu fürchten hat" (S. 377).

Das gerichtliche Urteil lautet wie erwartet: Stiller hat Stiller zu sein. Aus Gerichtsgebühren um 107 aufgelaufene Mahnungen verschiedener Behörden sind Kosten in der Höhe von 9361,05 Franken entstanden, die Wilfried bezahlen wird. Noch am Tag der Schlußverhandlung hat Direktor Schmitz Ehrverletzungsklage eingereicht. Stiller wird von der Bundespolizei übernommen zur Klärung der Smyrnow-Geschichte. Aber er ist getrost. Für den 18. 1. 1946 gibt es ein hieb-und stichfestes amerikanisches Alibi.

Zweiter Teil

Nachwort des Staatsanwalts

Rolf nennt Stillers Verstummen in der Freiheit den entscheidenden Schritt zu seiner inneren Befreiung: „Stiller war frei geworden von der Sucht, überzeugen zu wollen." (S. 381)

Stillers Alibi in der Smyrnow-Affäre war einwandfrei. Auch mit anderen unaufgeklärten Delikten konnte er nicht in Verbindung gebracht werden.

Mit Frau Julika nimmt er in einer kleinen Pension am Genfer See Quartier. Zweitausend Franken aus einer Spende der Stadt machen es möglich.

Ein Besuch, den Rolf und Sibylle dort abstatten, verläuft bedrückend. Julika und Stiller wirken verschüchtert. Ihr Geld geht zu Ende. Der Kontakt scheint vorderhand abzubrechen. Nur einmal bittet Stiller um Bücher, die ihm geschickt werden. Eine Antwort bleibt aus.

Nach etwa einem halben Jahr teilt er mit, man habe „das Haus unseres Lebens" (S. 384) bezogen. Begeisterte briefliche Schilderungen folgen, die mit fortlaufenden Einladungen verbunden sind. Doch trotz umfänglicher Briefe schweigt Stiller im Grunde vom Wesentlichen: über seine Ehe, über sein Verhältnis zu Julika. Die soziale Situation des Ehepaares wendet sich zum Besseren. Julika unterrichtet halbtags rythmische Gymnastik in einer Mädchenschule. Stiller selbst betätigt sich als Keramiker.

Von Zeit zu Zeit muß Julika gesundheitshalber in einen Luftkurort in den Bergen. Wenn Stiller dann allein ist, ruft er nicht selten zu nächtlichen Stunden bei Rolf an, was gelegentlich sehr stört.

Als Rolf Stillers Traumhaus endlich kennenlernt, erweist es sich als ein bescheidenes „Schwyzerhüsli" (S. 391) in kitschig-vermanschtem Baustil, abgewohnt und vom Lärm der Bundesbahn erfüllt wie ein Bahnwärterhaus.

Als Keramiker, wie erkennbar wird, ist Stiller eher Handwerker als Künstler. Er akzeptiert seine eigene Mittelmäßigkeit aber offensichtlich ohne Aufbegehren.

Rolf hat das Empfinden, zwischen Julika und Stiller herrsche ein merkwürdiges Verhältnis. Stiller redet ihr zu, in Lausanne eine eigene Ballettschule zu gründen. Mit Rolf für kurze Zeit allein geblieben, offenbart ihm Julika ihren elenden Zustand. Die ganze linke Lunge wird operativ entfernt werden müssen. Sie bittet ihn flehentlich, Stiller die Idee mit der Tanzschule auszureden. Sie bekennt, Stiller immer weniger begreifen zu können, der sie unausgesetzt ändern wolle. Ihre Todesangst bricht durch, und sie weint verzweifelt in Rolfs Beisein.

Bis zum Zeitpunkt dieses Besuchs kannte der Staatsanwalt Stillers Gefängnisaufzeichnungen noch nicht. Jetzt reflektiert er in einer längeren Textpassage über Stillers derzeitige Situation. Eines bleibt bei aller inzwischen erfolgten Selbstannahme von ihm noch zu leisten: der Verzicht auf die Anerkennung durch die Umwelt. Den Winter über, der diesem Besuch folgt, hört man kaum voneinander, Stiller schickt Rolf seine Aufzeichnungen zu. Frau Julika erscheint dem Staatsanwalt

darin auf erschreckende Weise vergewaltigt. Im März wird Julika operiert. Zufällig treffen Rolf und Sibylle an diesem Tag zu einem Besuch ein. In der Nacht spielen Stiller und der Staatsanwalt Schach. Den folgenden Ostertag verbringt man gemeinsam mit Sibylle bei einem ausgedehnten Spaziergang. Die Gedanken sind bei Julika. Auf dem Rückweg bekundet Stiller Bedauern über Julikas Kinderlosigkeit, freilich ohne Selbstvorwurf wie ohne Vorwurf. In der Nacht findet Rolf ihn stark angetrunken vor dem feuerlosen Kamin. Es entwickelt sich eine stundenlang dauernde Aussprache zwischen den beiden Männern über Stillers Verhältnis zu Julika. Stiller bekennt: „Ich habe diesen Menschen kaputtgemacht..." (S. 414) Er fühlt, daß es für ein Leben mit Julika zu spät ist. Rolf hält ihm vor, daß Stiller die unerfüllbare Erwartung gehegt hat, er könne sie beide – Julika und sich selbst – erlösen. Stiller ist überzeugt: „... sie will sterben!" (S. 416) Das Gespräch ufert aus, es wendet sich zu Selbstüberschätzung, Schuld, Selbstmitleid und Sprachlosigkeit. Stiller findet für sich und Julika die Formel: „Ein gegenseitiges Opfer, wobei beide draufgehen". (S. 420)
Auch die alte Angst Stillers vor der Reproduktion, der Wiederholung, klingt an. Wenn Julika tatsächlich zurückkäme, könnte es wieder so sein, wie es immer war, daß man in Einsamkeit voreinander beisammen ist.

Später, beim Nachdenken über diesen Abend, hat Rolf erkannt, daß die Aufgabe, die ihm hier begegnete „Über die Möglichkeiten einer Freundschaft hinausging". (S. 424)

Bis in die Morgenstunden bleiben die beiden Männer beisammen.

Stiller übermannt das Weinen. „Bete für mich, daß sie nicht stirbt!" (S. 428) fleht er den Freund beim Auseinandergehen an.

Am anderen Morgen fahren Rolf und Sibylle in die Klinik. Stiller gebraucht Ausreden, um nicht aus dem Haus zu müssen. Julika ist tot.

Als sie zurückkommen, bedarf es kaum der Worte. Stiller sieht ihnen an, was geschehen ist.

Später kommt es nicht mehr zu Gesprächen zwischen Rolf und Stiller. „Stiller blieb in Glion und lebte allein". (S. 432)

Sprachliche und sachliche Erläuterungen

S. 5 **Kierkegaard:** K., Sören Aabye, 5.5.1813 – 11.11.1855, dänischer Theologe und Philosoph, bedeutender Wegbereiter des Existentialismus; sein Werk gilt als ein erster theoretischer Ausdruck der Krise der bürgerlichen philosophischen und religiösen Weltanschauung im 19. Jahrhundert; sein Existenzbegriff ist gekennzeichnet durch extrem individualistischen Subjektivismus, bewußte Wendung gegen jegliche rationale Erfassung der existentiellen Wirklichkeit, ethisch-religiöse Ausrichtung und damit durch betonte Aversion gegen Geschichte und Gesellschaft

S. 12 **Le Havre:** französische Hafenstadt an der Seinemündung

Vera Cruz: Haupthandelsplatz an der Ostküste Mexikos, im gleichnamigen Teilstaat der Republik Mexiko gelegen, 1519 von Cortez gegründet

S. 15 **Davos:** Hochtal im Kanton Graubünden, Gemeinde im Davoser Tal, bestehend aus den Luftkur- und Wintersportorten Davos-Platz und Davos-Dorf

Fremdenlegion: franz. 'Légion étrangère', 1831 zur Eroberung Algeriens gegründete französische Kolonialtruppe, die sich aus Ausländern rekrutierte

S. 16 **Minestra:** Suppe mit Reis und Kohl

S. 18 **Farce:** Posse

S. 19 **Dossier:**	Aktenheft, Zusammenstellung der Akten eines Vorganges
S. 21 **Azteken:**	bedeutendster Indianerstamm Mexikos, unterhielt im 14. und 15. Jh. n. Chr. auf dem Hochland von Mexiko ein mächtiges Reich mit der Hauptstadt Tenochtitlan
S. 24 **Chihuahua:**	Teilstaat im nördlichen Mexiko mit der gleichnamigen Hauptstadt
S. 25 **Korso:**	Festumzug blumengeschmückter Wagen
Arkadien:	Landschaft im Peleponnes, A. wurde wegen seiner einfachen, urwüchsigen Bedingungen in der hellenistischen und römischen Schäferdichtung zum Schauplatz gewählt
S. 26 **Pulque:**	mexikanisches Getränk, gegorener Saft der Agave
S. 27 **Tortilla:**	Gebäck aus Maismehl und Wasser, wird als Brot verzehrt
S. 28 **Zopilote:**	Aasgeier
S. 34 **Eversharp:**	Schreibgerät, Druckstift
S. 35 **topographisch:**	topographische Lage, Geländebedingungen
Benito Juarez:	mexikanischer Staatsmann, 1806 – 1872, von indianischer Abstammung, ließ 1867 den von Napoleon III. zum Kaiser von Mexiko gemachten österreichischen Erzherzog Maximilian in Querétaro füsilieren
Porfirio Diaz:	mexikanischer Staatsmann, 15. 9. 1830 – 2. 7. 1915 Mestize, zeichnete sich als General unter Juarez im Kampf gegen Kaiser Maximilian aus, begünstigte als späterer Staatspräsident den Großgrundbesitz und zog

nordamerikanisches Kapital ins Land zur Erschließung der Erdölvorkommen

S. 39 **Mallorca:** Insel, größte der spanischen Balearen

Avignon: Stadt in der südfranzösischen Provence, an der Rhone gelegener, wichtiger Handelsplatz für Getreide und Wein

S. 42 **Niobe:** in der griechischen Sage die Tochter des Königs Tantalos, Mutter von sieben Söhnen und sieben Töchtern, die alle umgebracht werden; Niobe erstarrt vor Schmerz zu einem weinenden Felsen; sie wurde zum Symbol für die Überhebung des Menschen und für übergroßes Leid

Penelope: die schöne, treue Gattin des Odysseus; der Sage nach wartete sie zwanzig Jahre lang auf dessen Heimkehr; sie wurde zum Vorbild der treuen, klugen Ehefrau

S. 48 **Rio Grande:** gemeint ist der Rio Grande del Norte; der Fluß entspringt in Colorado, durchfließt Neumexiko, bildet die Grenze zwischen Texas und Mexiko und mündet in den Golf von Mexiko

S. 50 **Oregon:** einer der Kordillerenstaaten der USA am Stillen Ozean

S. 53 **Pontresina:** Luftkurort im schweizerischen Kanton Graubünden im Oberengadin

Alabaster: nach der ägyptischen Stadt Alabastron genannter, feinkörniger, durchscheinender Gips, der zu Bildwerken und Perlen verarbeitet wurde

Tailleur: maßgeschneidertes Kleid von strengem Schnitt

Vendôme: Platz in Paris, und Einkaufsstraße, die nach der gleichnamigen Stadt im franz. Departement Loir-et-Cher genannt ist. – Die Grafschaft V. kam 1412 an das Haus Bourbon und wurde 1515 Herzogtum. 1727 ist die Linie V. erloschen mit ihrem letzten Vertreter Philipp

S. 56 **Minotaurus:** in der griech. Sage Ungeheuer in Gestalt eines Menschen mit Stierkopf; wurde in das Labyrinth eingesperrt und von Theseus getötet

S. 58 **Oakland:** Stadt in Kalifornien, gegenüber San Franzisko

S. 59 **Little Grey:** Name der Katze, „Kleine Graue"

S. 60 **My Goodness!:** Meine Güte!

S. 61 **Stigma:** Plural: Stigmata, Stigmen; bei den alten Römern das Verbrechern und entlaufenen Sklaven eingebrannte Zeichen; wörtlich: Stich, Punkt, Wundmal; nach katholischer Auffassung können sich an Stigmatisierten die fünf Wundmale Christi zeigen und besonders an den Freitagen sowie in der Passionszeit bluten; am bekanntesten aus diesem Personenkreis wurde Franz von Assisi

S. 64 **Louvre:** seit 1793 das staatliche französische Hauptmuseum, eine der berühmtesten Kunstsammlungen der Erde, mit einem Bestand von über 3000 Bildern in seiner Gemäldegalerie; einschließlich der Höfe hat der L. eine Gesamtfläche von 198 000 qm

S. 65 **...wie Thomas Mann es beschrieben hat:** Anspielung auf den Roman 'Der Zauberberg', zu dem Thomas Mann die Anregungen empfing, als er seine Frau Katja vom 15. Mai bis 12. Juni 1912 im Waldsanatorium Dr. Jessen in Davos besuchte, wo sie zwischen März und September Heilung suchte von einem Lungenspitzenkatarrh; Th. M.: „...ich ...sammelte...jene wunderlichen Milieueindrücke, aus denen die Hörselbergidee zu einer knappen Novelle sich bildete..." (zitiert nach 'Das erzählerische Werk Thomas Manns', S. 112) Daraus formt sich dann der 1924 fertiggestellte Roman.

S. 68 **Rip van Winkle:** Held einer Geschichte in Washington Irvings 'Sketch book' (1820, deutsch 1909), der als Jäger die Catskillberge am Hudson durchstreift, sich dort als britischer Untertan schlafen legt, erst nach zwanzig Jahren als Bürger der USA erwacht und alles gänzlich verändert findet; der Stoff ist mehrfach dramatisch bearbeitet worden, als Oper 1882 von Planquette

Sven Hedin: 1865–1952, Asienforscher, der zum Teil als Einzelreisender innerasiatische Gebiete als erster durchquerte und erforschte; er engagierte sich nach dem Ersten Weltkrieg für Deutschland und bekundete auch dem Nationalsozialismus gegenüber Sympathien

S. 75 **ein „cachet":** frz. Petschaft, hier Anspielung auf das blauweiße Züricher Stadtwappen

S. 77 **Furtwängler:** F. Wilhelm, 1886–1954, Konzertdirigent, 1922–1928 Leiter der Gewandhauskonzerte in Leipzig, Generalmusikdirektor im Dritten Reich, deshalb nach 1945 vielfach angegriffen

S. 79 **Jugendstilverglasung:** Stilrichtung, vorwiegend in Kunstgewerbe und Innenraumgestaltung, etwa 1896 – 1910, nach der Münchener Zeitschrift „Jugend"; entstand unter englischem Einfluß als Gegenbewegung zu der in geschichtlichen Stilformen befangenen Kunst des 19. Jahrhunderts; flächenhaftes Schmuckwerk aus stilisierten Tier- und Pflanzenformen in langgedehnten schwungvollen Linien

S. 83 **Tschaikowski:** T., Pjotr 1840 – 1893, russ. Komponist, einer der bedeutendsten Sinfoniker des 19. Jahrhunderts, Komponist berühmter Opern (Eugen Onegin, Pique Dame) und Ballette (Schwanensee, Dornröschen)

ephebenhafte Grazie: Ephebe, griech. 'der Mannbare', Jünglinge in den griechischen Städten vom 18. Lebensjahr ab, wurden in die Bürgerrolle aufgenommen und dienten zwei Jahre lang gegen staatlichen Sold in militärischen Abteilungen

S. 84 **Frigidität:** Störung der sexuellen Erlebnisfähigkeit bei der Frau

S. 94 **Ravel-Valse:** R., Maurice, 1875 – 1937, franz. Komponist; 'La Valse' ist der Titel eines seiner Orchesterwerke; das an Popularität von dem bekannten 'Bolero' noch übertroffen wird

De-Falla-Dreispitz: F., Manuel de, 1876 – 1946, span. Komponist, Opern, sinfonische Dichtungen ('Nächte in spanischen Gärten'), Ballett ('Der Dreispitz')

S. 97 **Narzißmus:** übersteigerte Selbstliebe und der Ehrgeiz, von anderen bewundert zu werden; geht zurück auf die Jünglingsgestalt Narziß aus der

	griech. Sage; er verschmähte die Liebe der Nymphe Echo, wurde damit bestraft, sich in sein eigenes, im Wasser geschautes Spiegelbild zu verlieben und schließlich von unstillbarer Liebe verzehrt in eine Blume verwandelt, die Narzisse
Rimski-Korsakow:	R.-K., Nikolai, 1844 – 1908, russischer Komponist, Sinfonien, Kammermusik, Opern, die auf folkloristischen Motiven beruhen ('Sadko', 'Der goldene Hahn')
Strawinsky:	S., Igor, 1882 – 1971, russ. Komponist und Dirigent, lebte in den USA, eingebürgert 1945, neben anderem weltbekannte Ballette ('Der Feuervogel', 'Petruschka', 'Le Sacre du Printemps')
S. 99 **grazile Bacchantin:**	Verehrerin des griech. Gottes Dionysos, nach dessen Beinamen Bakchos, lat. Bacchus, genannt; auch 'Mänade', griech. 'Rasende'; als Festschwarm des Gottes tanzten sie in verrückter Raserei, zerrissen im Taumel junge Tiere und verschlangen sie roh
Ascona:	mondäner Badeort am 'Langensee', gegenüber von Locarno; der See gehört im Norden zu etwa einem Fünftel zum schweizerischen Kanton Tessin
S. 100 **Lago Maggiore:**	italienischer Name des Langensees; wird vom Tessin durchflossen und ist berühmt wegen seiner reizvollen Uferlandschaft
S. 101 **GI-Mantel:**	amerikanischer Militärmantel
S. 103 **Filet Mignon:**	zartes Lendenstück; genannt nach der frz. Bedeutung 'Liebling' (ital. mignone); in Goe-

thes 'Wilhelm Meister' ein liebliches weibliches Wesen

Mäzen: Kunstfreund, freigebiger Gönner; genannt nach dem Römer C. Cilnius Maecenas, der bis 8 v. Chr. lebte, ein Freund des Kaisers Augustus war und als großer Förderer junger Dichter in Erscheinung trat, so bei Vergil, Horaz, Properz

S. 105 **Kainsmal:** Kain, der erste Sohn Adams (1. Mos. 4), ermordete seinen Bruder Abel und wurde dafür mit einem Warnzeichen von Gott versehen; andere Deutungen geben dem Stirnmal Kains die Funktion, ihn als Schutzbefohlenen Jahves auszuweisen, weshalb es später zum Stammeszeichen der Keniter (auch Kainiten) wurde

S. 110 **steinige Runse:** Bachbett, Rinne

S. 111 **Plato:** Platon, 427 – 347 v. Chr., Schüler des Sokrates, Philosoph in Athen, Lehrer des Aristoteles; Repräsentant der Sklavenhalteraristokratie und Begründer des objektiven Idealismus; starker Einfluß auf die klassische deutsche Philosophie

Sokrates: 470 – 399 v. Chr.; hingerichtet durch den Giftbecher, Philosoph in Athen, keine hinterlassenen Schriften; wichtigste Quellen sind die Dialoge Platons und Xenophons, ein authentisches S.-Bild ist nicht mehr herstellbar

S. 113 **Hegel:** H., Georg Wilhelm Friedrich, 1770 – 1831, Repräsentant der klassischen deutschen Philosophie; Ausarbeitung eines Systems des objektiven Idealismus

	Säkularisierung:	die Umwandlung von geistlichem Besitz in weltlichen; lat. 'Verweltlichung'
	Transzendenz:	Erkenntnislehre; die Grenze der Erfahrung, die sinnliche Wahrnehmung überschreitend; lat. 'überschreitend' = transzendent
	Jesuit:	Societas Jesu, abgekürzt 'S. J.', Gesellschaft Jesu; katholischer Orden, 1534 von Ignatius von Loyola gegründet, 1540 von Papst Paul III. bestätigt; der Orden erlangte im Laufe seiner Geschichte weltgeschichtliche Bedeutung
	absolute Lichtgeschwindigkeit:	die Geschwindigkeit des Lichtes im Vakuum beträgt in einer Sekunde $c_0 = 299\,792{,}46$ km/s; in einem Medium der Brechzahl n gilt dagegen $v = C_0/n$
S. 114	**Buddhismus:**	die von Buddha im 6. Jh. v. Chr. in Nordindien gestiftete Religion
S. 115	**Ecco!:**	ital. 'sieh da!'
S. 121	**Mortimer:**	Figur aus Schillers „Maria Stuart"
	Clavigo:	Stück von Goethe, 1774
S. 123	**Degas:**	D., Edgar; 1834 – 1917, franz. impressionistischer Maler, Graphiker und Plastiker, u. a. bekannt durch seine Darstellung von Bewegungen bei Tänzerinnen u. a.
S. 124	**Public Library:**	engl. 'Öffentliche Bibliothek'
S. 127	**Orest und Elektra:**	in der griech. Sage Sohn des Agamemnon und der Klyteimestra bzw. dessen Schwester
	Spanienkrieg:	Bürgerkrieg von 1936 – 39 zwischen den Kräften der gewählten spanischen Linksregierung, die durch „Internationale Brigaden"

von Freiwilligen aus dem Ausland unterstützt wurden und den Putschisten unter Francisco Franco, dem späteren Staatschef. Der Putsch begann am 17. Juli 1936. Auf der Seite Francos kämpfte die „Blaue Division", bestehend aus Soldaten der deutschen Wehrmacht

S. 129 **Eros:** griech. 'Liebe'; griechischer Liebesgott (röm. Amor, Cupido); Sohn der Aphrodite

Thomas von Aquin: von Aquino, 1225/26 – 1274; mittelalterlicher Denker, Dominikaner, Schüler von Albertus Magnus

Einstein: E., Albert, 1879 – 1955; Physiker, Schöpfer der Relativitätstheorie; Nobelpreis von 1921

Bernanos: B., Georges, 1888 – 1948; frz. Schriftsteller, Verfasser religiöser Romane (Die Sonne Satans, Tagebuch eines Landpfarrers)

S. 131 **Kirchenväter:** lat. patres ecclesiae; die Theologen der alten Kirche vom 2.–6. Jh., deren Schriften als Muster rechtgläubiger Lehre gelten

S. 133 **Ernst Jünger:** geb. 1895, deutscher Schriftsteller, Kritiker der bürgerl. Demokratie von rechten Positionen aus, Essays

S. 136 **kombattante Geste:** Kombattanten (frz.), die Angehörigen des Heeres, die mit der Waffe am Kampf teilnehmen; im Gegensatz zu Nichtkombattanten wie Geistliche oder Heeresbeamte

Toledo: Provinzhauptstadt in Mittelspanien

Alcazar: arab.-span. 'Schloß', 'Zitadelle'; so in Sevilla und Toledo

Kommissär: hier ist der politische Kommissar von Stillers militärischer Einheit gemeint; die 'Internationalen Brigaden' hatten das Kommissar-System von der 'Roten Armee' der UdSSR übernommen; es besteht in den Ostblockländern nach wie vor; dem militärischen Befehlshaber ist jeweils ein politischer Funktionär im Offiziersrang beigeordnet, dessen offizielle Stellung etwa der eines Stellvertreters entspricht

S. 158 **Faden der Ariadne:** A. gab Theseus aus Liebe ein Garnknäuel, damit er nach der Tötung des Minotaurus aus dem Labyrinth finden konnte

S. 161 **Hades:** das modrige Schattenreich der Toten in der griech. Sagenwelt

Orpheus: myth. Sänger der Griechen; er bewirkte mit seiner Musik die Befreiung seiner Gattin Eurydike aus dem Hades

S. 162 **Monumente des Phallus:** Tropfsteine in der Form des männlichen Geschlechtsgliedes

Arsenal der Metaphern: Ansammlung von bildhaft Vergleichbarem; zum Beispiel Tropfsteinformen, die einem Flaschenhals gleichen

S. 164 **„Rock of Ages":** Felsen der Zeitalter

S. 168 **a young cowboy, who made his first entry trip in 1901:** ein junger Cowboy, der die erste Begehung im Jahre 1901 vornahm

S. 177 **Jean-Jaques Rousseau:** 1712–1778; Philosoph, Schriftsteller, Pädagoge und Musiker; Vertreter der französischen Aufklärung

How to enjoy life: wie man das Leben genießt

S. 183	**C. G. Jung:**	J., Carl Gustav, 1875 – 1961, schweizerischer Nervenarzt und Psychoanalytiker,
	Marcel Proust:	1871 – 1922; frz. Schriftsteller, Romancier
	Hemingway:	H., Ernest, 1899 – 1961, am. Schriftsteller, Verfasser zahlreicher Kurzgeschichten aus dem span. Milieu
	Mark Twain:	1835 – 1910, am. Schriftsteller, eigtl. Samuel Langhorne Clemens (Tom Sawyers Abenteuer)
	Graham Greene:	geb. 1904, engl. Schriftsteller und Dramatiker (Die Stunde der Komödianten)
	Kafka:	K., Franz, 1883 – 1924; deutschsprachiger Schriftsteller aus Prag (Der Prozeß, Das Schloß)
	Heidegger:	H., Martin, 1899 – 1976, deutscher Philosoph, Mitbegründer des Existentialismus
	Eliot:	E., Thomas Stearns, 1888 – 1965, engl. Dichter, gab in seinen Werken der bürgerl. Verzweiflung Ausdruck
	Terra incognita:	unbekanntes Land (lat.)
S. 185	**Michelangelosklave:**	M., Buonarroti, 1475 – 1564, bedeutender italienischer Bildhauer und Maler, der die Kunst des Barocks stark beeinflußt hat
S. 191	**What about your cat?:**	Was ist mit Ihrer Katze?
	D'you know she's hurt?:	Wissen Sie, daß sie verletzt ist?
	Awfully hurt!:	Schrecklich verletzt!
	And you don't feel any pity for her?:	Und Sie haben kein bißchen Mitleid mit ihr?

	You are cruel, you don't love her.:	Sie sind grausam, Sie lieben sie nicht.
	You should love her!:	Sie sollten sie lieben!
	Why should I?:	Weshalb sollte ich?
	Of course, you should!:	Natürlich sollten Sie es tun!
S. 197	**Anna Karenina:**	Romanfigur Tolstois
	Effi Briest:	Romanfigur Fontanes
S. 201	**wie der Denker von Rodin:**	R., Auguste, 1840 – 1917, franz. Bildhauer und Graphiker; 'Der Denker' ist eine seiner berühmtesten Plastiken
S. 203	**Mia casa, attenda qui, vengo subito!:**	Mein Haus, geben Sie acht, ich bin gleich zurück!
S. 206	**die Tartüfferie:**	Scheinheiligkeit; nach 'Tartuffe', der Titelrolle einer Komödie von Moliére
S. 208	**posta restanta:**	postlagernd (it.)
S. 210	**die oberen Voluten:**	lat. Schnecke; aufgerollte Formen zeigende Architekturglieder im Renaissance-und Barockstil
S. 239	**ready for use:**	gebrauchsfertig
S. 245	**letztes Reduit der Innerlichkeit:**	Reduit frz. 'Zufluchtsverschanzung', 'Rükkenschanze'
S. 246	**Nihilist:**	Anhänger einer absoluten Verneinung von Idealen und Wertvorstellungen
S. 249	**Exhibitionismus:**	Sexualneurose, die mit der Entblößung der

	Geschlechtsteile in der Öffentlichkeit einhergeht
S. 251 **das „Kommunistische Manifest":**	Manifest der Kommunistischen Partei, Verfasser Karl Marx und Friedrich Engels, 1848
Hölderlin:	H., Johann Christian Friedrich, 1770 – 1843, bedeutender Dichter der deutschen Klassik
Gide:	G., André, 1869 – 1951, frz. Schriftsteller, Vertreter eines existentialistischen Individualismus
S. 252 **Toulouse-Lautrec:**	T.-L., Henri de, 1864 – 1901, Maler, Graphiker; gestaltete vor allem Motive aus der zeitgenössischen Amüsierszene von Paris
S. 262 **Casals:**	C., Pablo, 1876 – 1973; span. Dirigent und Solist; lebte während der Franco-Zeit im Exil
Picasso:	P., Pablo, 1881 – 1973; span. Maler und Bildhauer, lebte seit 1903 in Frankreich
S. 301 **„Ecole des femmes":**	Die Schule der Frauen, Roman von Jouvet
S. 312 **Walpurgisnacht:**	benannt nach der kath. Heiligen Walpurga, die im 8. Jh. Äbtissin im Doppelkloster Heidenheim war; in der Nacht vor dem 1. Mai sollen die Hexen auf dem Blocksberg zusammenkommen und ihre Zaubertränke unter allerlei wilden Ritualen brauen
Gesang der Sirenen:	griech. 'Seirenes'; Mischgestalten aus Mensch und Vogel, meist mit Frauenkopf; ihr lieblicher Gesang betörte die vorbeifahrenden Schiffer, so daß diese an den Klippen scheiterten
S. 315 **Sisyphosarbeit:**	in der griech. Sage der Gründer oder König

	von Korinth; für seine Taten mußte er büßen, indem er einen Felsbrocken bergauf zu wälzen hatte, der immer wieder ins Tal rollte
S. 320 **conditio sine qua non:**	lat. unerläßliche Bedingung
S. 334 **„Greyhound":**	wörtl. 'Grauhund'; Bezeichnung für einen Fernbus
S. 335 **Mormonen:**	'Heilige der letzten Tage', eine 1830 von J. Smith gestiftete Sekte; unter B. Young im späteren amerikanischen Bundesstaat Utah angesiedelt; von da aus Verbreitung auch nach Europa
S. 339 **Place de la Concorde:**	Platz der Eintracht; in Paris
S 352 **Spenglerei:**	Klempnerwerkstatt
S. 354 **Bohème:**	die unbürgerliche Künstlerwelt
grand lit:	großes Bett
Escorial:	Ort in der Nähe von Madrid mit dem Schloß und Augustinerkloster San Lorenzo del Escorial
S. 355 **Anthologie:**	von griech. 'anthos'='Blüte'; Blütenlese, Titel von Sammlungen ausgewählter Texte
Hamsun:	H., Knut, 1859 – 1952, norwegischer Dichter; Sympathisant des Faschismus
Gorki:	G., Maxim, 1868 – 1936, eigentl. Alexej Peschkow; russ. Schriftsteller (Die Mutter, Nachtasyl)
Nietzsche:	N., Friedrich Wilhelm, 1844 – 1900; deutscher Philosoph (Der Übermensch)
Graf Keyserling:	v. K., Hermann, Philosoph, 1880 – 1946; Enkel des Bismarck-Freundes Graf Alexan-

	der v. K. (1815 – 1891)
Mein Kampf:	Bekenntnisschrift Adolf Hitlers; 1.Teil: Eine Abrechnung; 2.Teil: Die nationalsozialistische Bewegung; 1925
Erich Kästner:	1899 – 1974; Schriftsteller, Kabarettist, Kinderbuchautor (Emil und die Detektive)
Mörike:	M., Eduard, 1804 – 1875, Lyriker und Erzähler
Arp:	A., Hans (Jean), 1887 – 1966, vorwiegend Lyriker, gehörte zu der 1916 in Zürich gegründeten Gruppe der Dadaisten
Strindberg:	S., August, 1849 – 1912, schwed. Dichter; Begründer des modernen Naturalismus in Schweden
Hesse:	H., Hermann, 1877 – 1962, Schriftsteller (Das Glasperlenspiel)
Tschechow:	T., Anton, 1860 – 1904, russ. Dramatiker (Drei Schwestern)
Pirandello:	P., Luigi, 1867 – 1936, ital. Schriftsteller (Sechs Personen suchen einen Autor)
Lawrence:	L., David Herbert, 1895 – 1930; engl. Schriftsteller (Lady Chatterley und ihr Liebhaber)
Albin Zollinger:	1895 – 1941, schweizerischer Erzähler, Lyriker und Essayist
Dostojewski:	D., Fjodor, 1821 – 1881, russ. Schriftsteller (Die Brüder Karamasow)
Garcia Lorca:	1898 – 1936; span. Dichter und Dramatiker, von Franco-Anhängern umgebracht
Claudel:	C., Paul, 1868 – 1955, frz. Schriftsteller, Verfasser myst. kath. Romane
Das Kapital:	Titel des Hauptwerks von Karl Marx; Bd. I

		1867,Bd.II 1885,Bd.III 1894; II u.III Hrsg.Friedrich Engels
	Lichtenberg:	L., Georg Christoph, 1742 – 1799, Physiker und Schriftsteller (Aphorismen)
	Tagore:	T., Rabindranath, 1861 – 1941, ind. Dichter und Philosoph
	Ringelnatz:	R., Joachim, 1883 – 1934, eigtl. Hans Bötticher, Schriftsteller und Kabarettist
	Schopenhauer:	Sch.,Arthur, 1788 – 1860,Philosoph (Die Welt als Wille und Vorstellung)
	Trakl:	T., Georg, 1887 – 1914, österr. Dichter
	Gandhi:	G., Mahatma, 1869 – 1948, ind. Politiker; Verfechter der Gewaltlosigkeit
S. 369	**Was du von deinen Vätern hast...:**	Was du ererbt von deinen Vätern hast/ Erwirb es, um es zu besitzen. (Faust I. Monolog Fausts)
S. 378	**Appellation:**	Berufung im Rechtswesen
S. 382	**Territet:**	Territet-Glion; Kurort am Genfer See
	Chalet:	kleines Wohnhaus bzw. auch Sennhütte
S. 384	**une ferme vaudoise:**	ein waadtländisches Pachtgut; also gelegen im Schweizer Kanton Waadt
S. 385	**Passepartout:**	Bilderrahmen
S. 386	**Dents du Midi:**	wörtl. „Zähne des Mittags"; Gipfelreihe in den Schweizer Alpen
S. 387	**retour a la nature:**	zurück zur Natur; Anspielung auf eine populäre Formulierung Rousseaus
	vieux sentier:	alter Fußsteig
	Ramuz:	R., Charles-Ferdinand, 1878 – 1947, schweizerischer Romancier französischer Sprache

hier bitte abtrennen!

S. 390	**Funiculaires:**	Drahtseilbahnen
	eine Aphrodite oder Artemis:	Aphr.: griech. Göttin der Liebe und Schönheit, aus dem Schaum des Meeres geboren; Art.: Göttin der Jagd und des Naturlebens, der Keuschheit aber auch der Fruchtbarkeit

Stiller/White und Julika

Geheiratet hatten sie, als Julika eine hoffnungsvolle junge Balletteuse war und Stiller fast ohne Einkommen, nach knapp einjähriger Bekanntschaft: „Als Fremder hat man den Eindruck, daß diese zwei Menschen, Julika und der verschollende Stiller, auf eine unselige Weise zueinander paßten. Sie brauchten einander von ihrer Angst her." (S. 86 f.)

Der junge Bildhauer litt unter der beständigen Furcht, ein Versager zu sein. Fortgesetzt entschuldigte er sich, hatte ein schlechtes Gewissen und wirkte menschenscheu. Sein Künstlertum blieb bei Kritik und Publikum umstritten. Anhaltende Erfolglosigkeit mit entsprechend kärglichen Einnahmen schien der Mehrheit der weniger Wohlmeinenden recht zu geben. Da seiner Erfolglosigkeit Julikas berufliche Anerkennung gegenüberstand, verstärkte dies die vorhandenen Selbstzweifel wesentlich.

Hinzu kam, daß Stiller nur einen kümmerlichen sozialen Hintergrund aufzuweisen hatte. Sein Stiefvater lebte irgendwo im Altersasyl, von seinem Vater sprach er nie, und die Mutter war eine Eisenbahnerstochter. Julikas Eltern hatten hingegen ein großes Haus geführt; ihre ungarische Mutter galt als eine Dame der ersten Gesellschaft, der verstorbene Vater hatte als Gesandter in Budapest gewirkt. Daraus resultierten zusätzliche Bedrückungen, aus denen sich Stiller gelegentlich mit jähen Zornausbrüchen befreite. Dann ließ er jede Selbstbeherrschung vermissen und brüllte hemmungslos im Treppenhaus herum.

Eine Zeitlang meinte Stiller, darunter zu leiden, daß Julika aus finanziellen und gesundheitlichen Gründen auf Kindersegen verzichtete. Nicht, daß er sich so sehr ein Kind gewünscht hätte, aber er glaubte fest, Julika wäre dann als Frau in einer Weise erfüllt, wie es ihre Partnerschaft nie bewirken könnte.

Der prägende Zug seines Wesens war eine immerwährende und allgegenwärtige Ich-Bezogenheit. So geriet ihm jegliche Partnerreaktion zum Anlaß eines Selbstvorwurfs: Julikas Frigidität wie ihr Nachgeben in sexuellen Dingen, Julikas Lungenleiden und ihre Müdigkeit, Julikas zur Schau getragener Charme, wenn ihr der Hof gemacht wurde und auch ihr schnell und problemlos vorübergehendes Techtelmechtel mit einem anderen: „Offenbar war Stiller nicht nur eine Mimose, ein Mann von krankhafter Ich-Bezogenheit und entsprechender Empfindlichkeit (...) er war obendrein auch noch ein Wiederkäuer..." (S. 105). So ging ihm plötzlich, nach Jahr und Tag ihrer Ehe ein Ausspruch Julikas nicht mehr aus dem Kopf, den diese, ganz aufrichtig auf Körperliches bezogen, nach der ersten Nacht mit ihm getan hatte. Er geriet darüber in ein Zerwürfnis mit seinem eigenen Körper. Wenn er ins Schwitzen kam, vor allem in Gegenwart anderer, so brachte ihn das um alle Selbstsicherheit. Oft bildete er sich ein, an Hautausschlägen zu leiden. Einem gelegentlich geäußerten Vergleich zufolge, empfand er sich als einen nach seinen Berufsgerüchen stinkenden Fischer, der die kristallene Wasserfee Julika nur zu beschmutzen vermochte.

Nicht selten provozierte Stillers Ich-Bezogenheit Streit, Ungerechtigkeiten und Gefühlsausbrüche. Sein Tick war handfest, und das Zusammenleben mit diesem Neurotiker mußte für eine Partnerin wie Julika erhebliche Belastungen bringen. So ließ es Stiller nicht daran fehlen, darzutun, daß er an Julikas Liebe einfach nicht zu glauben vermochte. Selbst die Schönheit ihres Hundes Foxli erweckte seine Eifersucht. Wenn Freunde versicherten, Julika liebe ihn mehr, als er es verdiene, hegte er sogar den Verdacht, sie seien von Julika aufgehetzt worden. Wenn Stiller Besuch bekam von seinen Genossen, und man sprach über Bildhauerei bis in die Nacht hinein, schwieg Julika, weil sie nichts davon verstand. Stiller deutete es als mangelnde Teilnahme.

Als sich Julikas Tuberkulose-Leiden so sehr verschlimmerte, daß ihr der Arzt einen Davos-Aufenthalt zwingend vorschrieb, fiel dieses Ereignis zeitlich zusammen mit Stillers Ehebruch. Dennoch nahm Stiller es Julika allen Ernstes übel, daß sie ihm aus Davos keine zärtlichen Briefe schrieb. Das erstemal nach Davos kam er von seiner Geliebten, um eine klärende Aussprache herbeizuführen. Wenn es nicht dazu kam, so wirkten wohl mehrere Ursachen mit: die Warnung des Kurarztes vor jedweder Aufregung, Stillers jähe Gefühlsaufwallung für Julika und die Ungunst der äußeren Umstände: „... es war doch einfach peinlich, ganz abgesehen davon, daß es Julika wirklich ein wenig an Theater erinnerte, wie Stiller sich da benahm." (S.121)

Erst nach Julikas Zusammenbruch kam Stiller wieder nach Davos, um sich diesmal von ihr wirklich loszusagen. Sibylle nannte sein Handeln später „Mord". (S. 298) So endete ihre Ehe in einem Gespräch, das über weite Strecken monologischen Charakter trug. Einige Kernsätze – gesprochen von Stiller auf dem Geländer der Jugendstilveranda hockend – offenbaren die innere Misere des Titelhelden: „Ich bildete mir ein, du brauchst mich. Und deine Müdigkeit immer, deine Herbstzeitlosenblässe, dein Hang zum Kranksein, das war ja genau, was ich unbewußtermaßen brauchte, eine Schonungsbedürftige, um mir selbst um so kraftvoller vorzukommen .... Ich machte dich zu meiner Bewährungsprobe. Und darum konnte ich dich auch nicht verlassen. Dich zum Blühen zu bringen, eine Aufgabe, die niemand sonst übernommen hatte, das war mein schlichter Wahnsinn. Dich zum Blühen zu bringen! Dafür machte ich mich verantwortlich – und dich machte ich krank, versteht sich, denn wozu solltest du gesund werden mit einem solchen Mann; die Angst, daß du an meiner Seite unglücklich würdest, fesselte mich ja stärker als irgendeine Art von Glück, die du zu geben hast." (S. 143)

Er brachte ihre Verbindung auf die Formel: „Unsere verhältnismäßige Treue war die Angst vor der Niederlage mit jedem anderen Partner..." (S. 147)

Auf der Überfahrt nach Amerika im Laderaum stilisierte der blinde Passagier Stiller die Mißhelligkeiten seiner Ehe mit Julika hoch zu erheblicher Bedeutsamkeit. Er mißbrauchte sie gleichsam als treibendes Motiv, um den Strapazen dieser Reise besser standzuhalten.

Ihre Trennung schien endgültig.

Julika war damals in diese Ehe gegangen, weil Stiller ihr der einzige Mann schien, vor dem man keine Angst zu haben brauchte; denn

Angst bildete den Grundzug ihres Wesens, nicht minder ausgeprägt wie es Stillers Egozentrik war. Aber es existierte ein prägender Unterschied: Stiller litt unter Selbstzweifeln, Julika hingegen nicht. Sie spürte ihre Ängste durchaus: vor Männern, vor den Autos dieser Männer, davor, keine wirkliche Frau zu sein, vor dem Urteil des Arztes und vor nicht wenigen anderen Dingen des Lebens. Aber sie verweigerte sich deshalb nicht die Selbstannahme. Alle ihre Ängste münden schließlich in jener kreatürlichen Furcht vor dem leiblichen Ende, die sie dem Staatsanwalt Rolf bekannte.

Begegnet war sie Stiller zum erstenmal bei einem Zufallsabend in dessen Atelier. Das erste, was sie von ihm zu hören bekam, war die Geschichte um das russische Gewehr in Spanien, angereichert um die beschönigenden Versatzstücke hemmender Menschlichkeit. In der sich entwickelnden Intimität ihrer Bekanntschaft gab es von ihrer Seite kein sinnliches Wollen. Julika war frigide, was Stiller zu erkennen unfähig blieb. Wie alles andere, bezog er auch diese naturhafte Erscheinung allein auf sich. Sie litt darunter, daß männliche Sinnlichkeit immer ein wenig ekelerregend auf sie wirkte. Doch auch der sexuelle Umgang mit Frauen führte nicht zur Erfüllung: „... das Ballett blieb die einzige Möglichkeit ihrer Wollust" (S. 96), der Tanz war ihre eigentliche Welt, die Folie ihres ausgeprägten Narzißmus. Wenn Freunde des Ehepaares immer wieder erkennen ließen, daß sie die feine und vornehme Julika höchst ungern an der Seite dieses hypochondrischen Versagers Stiller mit der zweifelhaften Kinderstube und den dementsprechenden Manieren wußten, kam das Julikas Neigungen durchaus entgegen. So trug sie in gewohnter Passivität dazu bei, eine Krise ihrer Ehe heraufzubeschwören.

Nicht zu Unrecht hielt ihr selbst der junge Jesuit im Davoser Sanatorium – ihr getreuer Gefährte und vielseitiger Belehrer – vor, sie sei keineswegs nur Opfer und Ausgelieferte in der Ehe mit Stiller gewesen.

Daß Julika durch ihre Krankheit aus der vertrauten Welt des Balletts gerissen, auf sich selbst zurückgeworfen wurde, muß sie besonders hart getroffen haben. Eine Illustriertenveröffentlichung geriet so zum

Schlüsselerlebnis. Wie einst der griechische Jüngling Narziß sich in sein eigenes Spiegelbild verliebt hatte, war sie auf dem besten Wege, es ihm nachzutun: Sie fühlte sich „betroffen von der Unwahrscheinlichkeit, dieses schwerelose Geschöpf zu sein, ein Geschöpf, das Julika, wäre es nicht ein papiernes Bild gewesen, hätte umarmen mögen, umschlingen, wie der gute Stiller sie neulich umschlungen hat" (S. 126). Die von dem Bühnenfoto initiierte Beschäftigung mit sich selbst wurde zur Rechenschaft über ihre Situation: „Sie spürte es mit Traurigkeit, daß es sozusagen nur ihr eigenes Selbst war, was sie jetzt im Stiche ließ ..." (S. 128)

Zum Bewußtsein ihrer Einsamkeit gelangt – abgeschnitten von der Welt des Balletts, von ihrer eigentlichen Welt – überkam Julika „ein bisher unbekanntes und verwirrendes Verlangen nach dem Mann" (S. 129). Es schien, als sei ihre Frigidität an die narzißtische Welt des Tanztheaters gebunden, als sollte sich nun vom Geschlechtlichen her eine Chance auftun zum Neubeginn an der Seite eines Mannes. Julikas Regungen bezogen sich nicht auf Stiller und nicht auf Männer aus ihrer Bekanntschaft. Sie waren traumhaft unkonkret.

Der Tod des jungen Jesuiten, Julikas Flucht und Zusammenbruch, Stillers Abschied im November und sein Verschwinden noch vor Jahresende bildeten die Endphase dieser Ehe, von der niemand zu dieser Zeit anzunehmen vermochte, sie könnte eine Fortsetzung erfahren.

Ein halbes Dutzend Jahre später stellt man an der Schweizer Grenze einen Reisenden mit unklarer Identität. Die Ausgangssituation des Romans – artikuliert in den ersten Worten: „Ich bin nicht Stiller" – schafft Beweis-Notwendigkeiten. Jener, den alle für den verschollenen Bildhauer Anatol Stiller ansehen, behauptet, ein Amerikaner namens Jim White zu sein.

Vor dem Leser entfaltet sich der übermächtige Mechanismus rechtsstaatlichen Handelns, der bemüht zu werden pflegt, sobald individueller Sand in das Räderwerk der sozialen Ordnung gelangt. U-Haft, Aufseher, Staatsanwalt, Pflichtverteidiger, Lokaltermin, Kaution, Zeugenvernehmung oder Gegenüberstellung heißen seine Chiffren, Stiller/

White ist sein Bearbeitungsgegenstand, Identitätsnachweis der Zweck des Ganzen, um weitergehende Anklage wegen vermuteter Agententätigkeit erheben zu können.

Die von den Voraussetzungen des Falles diktierte Vorgehensweise muß sich auf die Anamnese richten: Man untersucht das Vorleben des Delinquenten. Folgerichtig finden eventuelle Vorlebens-Zeugen erhebliches Interesse; unter ihnen das bedeutendste Frau Julika Stiller-Tschudy. So präsentiert sich gleichsam die Außenseite: Julika als Figur im Spiel der Justiz. Aber es zeigt sich bald schon eine übergeordnete Dimension. Stiller reagiert mit Anteilnahme und Gefühl, als er ihr im Gefängnis gegenübersteht. Unversehens mischen sich Vokabeln des Betroffenseins, ja der Liebe in sein abwehrhaftes Gebaren: „... ihr Gesicht, von stiller Bestürzung etwas entlarvt und schöner als zuvor, lebendiger, so daß eine Begegnung, meint man, möglich sein müßte, eine Begegnung in Wahrheit, ihr Gesicht ist so, daß ich sie auf die Stirne küssen möchte, eine Weile lang ..." (S. 56).

Der Leser spürt überdeutlich, daß eine Saite anschwingt, die noch längst nicht völlig verklungene Melodien bereithält. Zwei Menschen begegnen einander, die ihre Bewährung noch vor sich haben könnten. Julika rückt hier an die Seite der Titelgestalt in das Zentrum des Romangeschehens. Es gehört zum Spannungspotential der Handlung, daß die Chance eines Neubeginns gegeben scheint.

Zwischen Stiller und Julika kommt es zu einer Art Gegenbewegung. Während er von der ursprünglichen Maximalposition „Ich bin nicht Stiller", die sich verbindet mit allgemeinem Überzeugenwollen, allmählich abrückt, bleibt Julika als Verbündete von Dr. Bohnenblust bemüht, ihn in seine alte Rolle zurückzudrängen.

Stiller findet Gelegenheit, sie wiederzuentdecken, als „ein heimliches Mädchen, das da wartet in der Hülle fraulicher Reife, für Augenblicke schön, daß man einfach betroffen ist" (S. 66).

Er durchlebt Phasen der Hoffnungslosigkeit: „Jedes Gespräch zwischen dieser Frau und mir, so schien mir, ist fertig, bevor wir's anfangen, und jede Handlung, die mir jemals einfallen mag, ist schon im voraus gedeutet, meinem augenblicklichen Wesen entfremdet, indem sie in jedem Fall nur als eine angemessene oder unangemessene, eine erwartete oder unerwartete Handlung des verschollenen Stiller erscheinen wird, nie als die meine." (S. 80)

Julikas Körperlichkeit bezaubert ihn beim gemeinsamen Bad im Zürich-See: „Jetzt noch (abends auf meiner Pritsche) sehe ich Wasserperlen auf ihren Armen, auf ihrer blassen Alabasterstirn, dazu das antikische Gelock ihrer nassen Haare um den Nacken." (S. 170)

Stiller erscheint es später nur mehr wichtig, wenigstens Julika als einzigen Menschen von seiner neuen Identität zu überzeugen. Sollte ihm das gelingen, wäre seinem Verteidiger freie Hand gegeben, alles so zu regeln, wie es ihm genehm ist: „Frau Julika Stiller-Tschudy ist ja doch meine einzige Hoffnung (....) Ich will jetzt nicht hochfahrend sein und behaupten: Ich liebe sie! Aber das darf ich sagen: Ich möchte sie lieben. Und vorausgesetzt, daß Frau Julika Stiller-Tschudy mich nicht für ihren verschollenen Gatten nimmt, wage ich zu sagen: Warum soll es nicht möglich sein?" (S. 336 f.)

Ereignisse, die diese Entwicklung ermöglicht haben, sind Julikas Besuche im Gefängnis, ihre gemeinsam verbrachten Kautionsnachmittage beim Stadtbummel in Zürich, beim Segeln auf dem Zürich-See oder wegen schlechten Wetters in Julikas Hotel.

Nach Bohnenblustscher Regie soll sie kulminieren in der Atelier-Szene, die sehr kurz vor der Abschlußverhandlung terminiert ist. Obwohl ahnend, daß eine Gemeinheit inszeniert wird, geht Stiller in sie nicht hinein ohne Hoffnung, was Julika betrifft: „Noch immer mit der warmen Ruhe der Zuversicht versuche ich, Julika zu erklären, warum sie, so sie mich wirklich liebt, kein Geständnis von mir braucht, daß ich ihr verschollender Gatte sei." (S. 363)

Was Stiller aber erleben muß, ist der totale Verrat durch Julika, die von ihr gebilligte Peinlichkeit seiner Konfrontation mit dem Asylgreis, der Stillers Stiefvater ist. So zerschellen seine Hoffnungen auf einen Neubeginn an ihrer Seite symbolhaft mit dem zerstörten Gipszeug und den aus dem Fenster geworfenen Bronzen aus Stillers Künstlervergangenheit. Wie erwachend aus einem Traum, konstatiert er: „Und ich traue meinen Augen nicht: Ihr Gesicht mit den ungemein schönen Augen ist unverwandelt, dermaßen unverwandelt, daß ich mich jetzt selber frage, was ich denn eigentlich erwartet habe. Sie streicht nur ihr rötliches Haar zurecht, überflüssigerweise, denn Julika hat sich ja nicht gerührt: nur ich habe mich mit meinem Getue erhitzt, daß ich aus allen Poren schwitze ..." (S. 373)

Daß es sich hier um den erzählerischen Höhepunkt des Romans handelt, wird angesichts der folgenden Notiz bewußt: „PS. Jetzt, ich sehe es im vollen Bewußtsein meiner Ohnmacht, wäre der Augenblick da, alles zu sagen, die Wahrheit zu sagen." (S. 374)

Mit dem Urteil, das ihm bescheinigt, Stiller zu sein, nimmt der Entlassene die Gewißheit mit aus dem Gefängnis, daß ihn nur die Wiederholung bleibt: ein Versager, auch bei dem Versuch, sich selbst zu entgehen.

„Stillers Identität spielt am Ende buchstäblich keine Rolle mehr. Solange Stiller noch um sein vielfältiges Ich kämpfte, legte er selber in seinen Aufzeichnungen im Gefängnis ein dramatisches Zeugnis seines Ringens ab. Der erste Teil des Romans muß somit als ein dramatischer Bericht eines dramatischen Doppelbezugs zu sich selber und einer sich daraus ergebenden Beziehungslosigkeit zum Mitmenschen bezeichnet werden. So aber endet Stiller im epischen Verstummen. Darin liegt ein verkappter Sieg Julikas. (...) Ein dritter übernimmt die Darstellung". [15)]

Die Zweitauflage der Stillerschen Ehe steht im Zeichen der Wiederholungen. Motive kehren in abgewandelter Form wieder, die aus der ersten Phase dieser Verbindung vertraut sind: materielle Bedrängnis, regelmäßige Einkünfte Julikas und unregelmäßige Stillers, Kontaktarmut der Partner, Julikas Desinteresse gegenüber Stillers Tätigkeit, Stillers ständige Versuche, Julika dem Bildnis anzupassen, das er sich von ihr gemacht hat, Julikas nachlassende Gesundheit, Stillers Nachdenken über Kinderlosigkeit.

---

15) Manfred Jurgensen, Max Frisch. Die Romane, S. 68

Beide haben einen hohen Preis zahlen müssen für die Überforderung des eigenen Ichs: Julika hat die Welt des Tanzes verloren, die ihr Erfüllung war und zentrales Motiv allen Handelns bedeutete. Stiller fügt sich in eine Wirklichkeit, die ihm aufgezwungen ist.

Als Folge ergibt sich eine groteske Umkehrung der eigenen Akzeptanz. Jetzt ist es Stiller, der seine Mittelmäßigkeit als Keramiker ohne Aufbegehren annimmt. Julika hingegen, von Angst zerrissen vor dem drohenden Ende, befindet sich in einem „Zustand der schreienden Not" (S. 399).

Mit Stiller ist nun leichter umzugehen, als mit Julika: „Er war frei von der Angst, nicht erkannt zu werden, und in der Folge fühlte man sich freier auch zu ihm, wie aus einem engen Bann entlassen." (S. 403)

Der Staatsanwalt – unter dem Eindruck der Stiller-Papiere – glaubt, eine Vergewaltigung Frau Julikas zu erkennen. Stiller drückt es wenig später bekenntnishaft-drastisch aus: „Ich habe diesen Menschen kaputtgemacht ..." (S. 414)

Julikas Ende bedeutet vor diesem Hintergrund nicht nur das Ende eines Menschen, sondern auch das endgültige Scheitern dieser Ehe. Denn es ist nun wirklich zu spät, um Sprachlosigkeit zwischen ihren Partnern durch Liebe zu überwinden.

Marcel Reich-Ranicki hält Max Frischs Männergestalten für „nicht unbedingt gelungene, mitunter offensichtlich simplifizierte Modellfiguren (...), während seine weiblichen Gestalten überzeugender wirken und auf größere künstlerische Sensibilität schließen lassen. Stillers frühere Geliebte und vor allem seine Frau Julika sind gleich nach dem Erscheinen des Romans als Kabinettstücke der Epik gerühmt worden – und das mit Recht." [16)]

In der Tat: die kranke, ständig rauchende Frau im Tailleur, begehrenswert und frigide, eiskalt und aufreizend, mit der tänzerischen Bega-

---

16) Marcel Reich-Ranicki, Deutsche Literatur in West und Ost, S. 95

bung, dem exotisch-vornehmen Hintergrund, ihren Ängsten und dem tödlichen Keim in sich will uns als bemerkenswert gelungene Dekadenzfigur erscheinen. In einem Roman von 1954.

Rolf und Sybille

Man mag die Sicht Reich-Ranickis auf Max Frischs Männergestalten teilen oder nicht – der Staatsanwalt Rolf verdient, in jedem Falle ausgenommen zu werden. Hier agiert eine Figur, die dem Herzen ihres Schöpfers – diese These sei gewagt – offenkundig nahesteht.

Packende Formulierungen, glückliche poetische Einfälle und ausgeprägte Sympathieträgerschaft unterstützen sie in ihrem Zusammenwirken.

So sieht Stiller bald im Staatsanwalt den einzigen Menschen, dem er seine „wirkliche Not fast ohne Verstellung anvertrauen könnte" (S. 53). Später nennt er ihn „ein Geschenk des Himmels" (S. 182), und es folgt eine Charakterisierung des staatsanwaltlichen Lächelns, die zu den Kabinettstücken anrührsamer Sprachgestaltung im „Stiller" zählt: „Sein Lächeln ersetzt mir den Whisky. Es ist ein fast unmerkliches Lächeln, das den Partner von vielem Getue erlöst, und es läßt ihn sein. Wie rar ist solches Lächeln! Nur wo einer selbst einmal geweint hat und sich selber zugibt, daß er geweint hat, erblüht so ein gutes, in seinem Wissen sehr präzises und durchaus nicht verschwommenes, aber unschnödes Lächeln." (S. 182)

Staatsanwalt Rolf, der Enddreißiger mit dem Glauben an eine absolute Instanz namens „Gott", genießt als juristischer Fachmann, Bürger und Familienvater den besten Leumund. Im eben übertragenen Amte tüchtig, ohne die Menschlichkeit zu merzen, gilt er als sehr beherrscht, immer überlegen und von kühlem Temperament. Sein Leben wirkt geregelt und folglich dem Glück verbunden. Sein guter Ruf ist nicht anzukratzen, und niemand zeigt das geringste Interesse an einem Versuch dazu. Vater eines kleinen Jungen und verheiratet mit einer reizvollen Frau, die von Wesen und Erscheinung an seine Seite gehört, scheinen ihm sicherer Werdegang und Geborgenheit beschieden, zumal er eine Gedanken-Abwehr gegen Trübungen seines privaten Glücks zusammengebastelt hat, eine Art Ehemodell, das von Ungebundenheit in verträglicher Dosierung lebt: „Und dann war er schon immer der Meinung gewesen, daß man die Ehe nicht in einem spießbürgerlichen Sinne begreifen dürfte; er hatte da, wie gesagt, offenbar eine sehr ernsthafte Theorie, wieviel Freiheit in die Ehe einzubauen wäre, eine Männertheorie, wie Sibylle es nannte." (S. 206)

So ist er gern bereit, Sibylles Maskenball-Flirt mit einem Pierrot hinzunehmen, wie ja auch er gelegentlich Sibylles Großzügigkeit voraussetzt.

Als es freilich ernst wird, Sibylle ein Verhältnis eingesteht, gar den Namen ihres Geliebten verschweigt und keinerlei schlechtes Gewissen erkennen läßt, entpuppt sich Rolfs scheinbar so festgefügte Eheideologie als tönernes Machwerk und stürzt schlichtweg zusammen.

Sibylles selbstverständlicher Anspruch auf ihre Freiheit und die Anonymität seines Widersachers – viele sind in Verdacht – bringen den sonst so beherrschten Mann schier um den Verstand.

Zwar zeigt nach außen hin die eheliche Fassade keine Risse, aber seine Würde leidet; er gerät an den Rand der Lächerlichkeit. Max Frisch hat dafür treffliche Bilder bereit: In Genua, seinem Zufallsziel, bewegt sich Rolf „mit der Miene eines Menschen, dem ein Brett auf den Kopf gefallen ist" (S. 201).

Am Tage, da er den Bau abzunehmen hat, meint er „ungefähr... der Idiot seiner Stadt zu sein" (S. 221). So sehr solche Selbsterkenntnis warnen sollte, hindert sie ihn nicht, dem jungen Architekten Sturzenegger auf bloßen Verdacht hin, eine Liebschaft mit Sibylle vorzuwerfen. Rolfs innere Zerrissenheit offenbart sich in der Schlußphase dieses peinlichen Gesprächs: „Ich muß es billigen. Und doch – Ganz einfach..., ich ertrage es nicht". (S. 224) Auf dem Wege zur Selbsterkenntnis fügt er die rhetorische Frage hinzu, ob Sturzenegger je einen Mann gekannt hätte, der es ertragen hat, um lakonisch zu enden: „Ich dachte, ich wäre dieser Mann". Beim Einzug in das neue „Haus von konsequenter Modernität" (S. 220) ohne Sibylle flucht der Staatsanwalt so gewaltig, daß die abgebrühten Möbelpacker sich beeindruckt zeigen: „Zum Schluß, als das Durcheinander vollendet war, bekamen die braven Männer ein Trinkgeld, daß sie sich genierten; es grenzte schon an Schweigegeld." (S. 226)

Auch diese Ehe scheitert zunächst an der Sprachlosigkeit. Rolf hat Angst vor ihrem Wiedersehen. Einen Anruf in Sankt Gallen unterläßt er geflissentlich. Gegen Sibylles Pontresina-Reise findet er kein Wort des Einwands. An die Ernsthaftigkeit der Amerika-Pläne Sibylles vermag er nicht zu glauben. Zu einer ersten Geste der Versöhnung kann sich keiner der beiden Partner durchringen. So reist Sibylle schließlich ab und nimmt den kleinen Hannes mit.

Geheiratet hatte Sibylle, als sie sich Mutter werden fühlte. Die Ehe hat sie als ein Schicksal verstanden, anders als in Rolfs zurechtgebastelter Theorie, oder ihr den eigentlichen Sinn abgesprochen. Später wird sie ihrem Mann vorwerfen, er habe in ihr lediglich ein Verhältnis gesucht, gleichsam als ein verheirateter Junggeselle.

Sie ist ein Jahrzehnt jünger als Rolf, und vor ihm hatte es lediglich eine einzige, aber dafür ernstzunehmende Affäre mit einem der Professoren ihres Abiturjahrganges gegeben, der sich scheiden ließ.

Für Spielereien fühlte sich Sibylle nie begabt.

„Freilich ist in der Ehe mit Rolf, dem ewig Selbstsicheren, das Bedürfnis gewachsen, ihm einmal den lange schon nötigen Schrecken einzujagen" (S. 259).

So findet sie sich, getrieben von Wünschen, die ihr selbst nicht bewußt sind, eines Tages bei Stiller ein, denn man hat „in diesem Atelier das erregende Gefühl, jederzeit aufbrechen und ein ganz anderes Leben beginnen zu können, also genau das Gefühl, das Sibylle damals brauchte." (S. 252)

Sie kennt Stiller von einem Künstlermaskenball. Ein- oder zweimal hat man sich danach wiedergetroffen, auch Zärtlichkeiten getauscht. Freilich zeigt sich Stiller nicht als jener bedenkenlose Bohemien, den Sibylle in ihm gesehen hat. Eher gibt er sich scheu, zurückhaltend und ein wenig bedrückt. Es wundert sie selbst, daß der Gedanke an Liebe auf einmal nicht mehr undenkbar erscheint. Stillers Atelierwelt übt befremdlichen Zauber aus: Josef Stalin an der Wand, Unordnung allenthalben, Spanisches als Dekoration. „Sibylle war froh um alles, was sie befremdete." (S. 260)

Stiller erzählt ihr – im Gegensatz zu Julika – die spanische Geschichte ohne beschönigende Versatzstücke. Seine freudsche Deutung eines diesbezüglichen Traumes, der ihn immer wieder heimgesucht hat, lautet: Nicht-Schießen-Können symbolisiert Impotenz.

Sibylle genießt an jenem Abend nicht nur „den Zauber des Provisorischen" (S. 252), sondern auch mit Stiller die Freuden der Liebe – freilich außerhalb der Stadt in einem ländlichen Gasthof, als habe schon zu diesem Zeitpunkt Julikas Schatten das Atelier tabuisiert.

Ihren freizügigen Ausflug in eine für sie, die achtundzwanzigjährige Bürgersfrau, so andere Welt empfindet sie im Nachhinein als Beglükkung. Rolfs stumpfes Nichterahnen des Vorgefallenen – Sibylle rätselt ernsthaft, ob aus Verstellung, Gleichgültigkeit, Blödheit oder Größenwahn – treibt sie, sich plötzlich zu offenbaren.

Seine Genuareise nimmt sie für eine Geste der Rücksicht. Ihre Liebe zu Stiller leidet unter Obdachlosigkeit. Der Schatten der kranken Julika in Davos steht unbesieglich zwischen ihr und dem Geliebten. So bleibt ihnen das Atelier verschlossen und die Reise nach Paris verwehrt.

Die von Rolf zur Schau getragene Unberührtheit – Sibylle spürt nicht, mit welcher Anstrengung er sie aufrechterhält – erbittert sie aufs äußerste.

Sie sehnt sich geradezu nach einem Gefühlsausbruch, der aber beharrlich ausbleibt. Für Außenstehende scheint ihre Ehe mit Rolf glücklich wie eh und je. Sibylle fühlt sich schwanger von Stiller. Sie ringt um eine Entscheidung: „Wieso war's nicht möglich, zwei Männer zu lieben? Stiller war ihr vertrauter, er war nicht ein Mann, der unterwirft. Rolf unterwirft. Das konnte fürchterlich sein, in mancher Hinsicht war es auch einfacher. Rolf verschwistert sich nicht mit der Frau ... Rolf war selbstgerecht. Um Stiller konnte man Angst haben, um

Rolf nicht. Beide zusammen in einer Person, das wäre es gewesen! Manchmal kam ihr Rolf wie ein großer Hund vor, ein Bernhardiner, den man besser nicht an die Leine nahm, um nicht umgeworfen zu werden. Stiller kam ihr wie ein Bruder vor, fast wie eine Schwester..." (S. 281)

Als Stiller sie auffordert, mit ihm nach Paris zu fahren, verschärft sich die Notwendigkeit einer Entscheidung. Im Zirkus, den kleinen Hannes an der Seite, ringt sie sich zum Wagnis durch. Der Anblick einer ambulanten Schokoladenhändlerin, die im Zirkus ihr Brot verdient als „eine unabhängige Frau" (S. 283) wird ihr zur Entscheidungshilfe. Doch Stiller enttäuscht sie noch am gleichen Abend. Nicht ihretwegen will er nach Paris, sondern sowieso, wegen einer Ausstellung. Solche Desillusionierung wirkt befreiend. Rolf erfährt, daß sie nicht nach Paris, wohl aber nach Sankt Gallen reisen wird – in der Umzugswoche – und endlich wirft er vor Wut die Teetasse gegen die Wand.

Sibylle läßt Stillers Leibesfrucht abtreiben. Zurückgekehrt, ist sie es, die sich mit Rolf aussprechen will: „Sibylle wunderte sich selber über ihre Rede, über ihren anklägerischen Ton. Es war ganz und gar nicht, was zu sagen sie eigentlich das Bedürfnis gehabt hätte." (S. 287) Auch Rolfs Reaktionen lassen einen Erfolg, gar eine Versöhnung nicht zu. So gerät sie nach Pontresina, ebenso sinnlos und zufällig, wie Rolf nach Genua gelangt war. Der Bruch mit Stiller vollzieht sich dort ohne große Gemütsbewegungen, da er im Grunde schon vorweggenommen ist. So wie Stillers Beziehungen zu beiden Partnerinnen, enden auch Sibylles Beziehungen zu beiden Partnern. Der Ausweg für sie heißt Amerika: „Sie begann wie man so sagt, ein neues Leben". (S. 305)

Emanzipation durch Selbständigkeit wird für sie zur Grundlage einer lebbaren Zukunft. Etwa zweieinhalb Jahre sind vergangen, als Rolf sie in Amerika aufsucht, um endgültige Klarheit zu gewinnen über die Alternative Scheidung oder Zusammenleben: „...sie merkten, daß ein Atlantik zwischen ihnen eigentlich nicht nötig war... Auch Sibylle fühlte, daß die Welt, wie groß sie auch sein mochte, keinen Menschen hatte, der ihr näherstehen könnte als dieser Rolf, ihr Mann; sie leugnete es nicht". (S. 312)

Stiller findet als Untersuchungsgefangener in dem nun fünfundvierzigjährigen Staatsanwalt Rolf einen Freund und in Sibylle, der schönen Mitdreißigerin eine glückliche Frau und Mutter.

Beider Ehe aber demonstriert jene Gemeinschaft, die über das im Roman mehrfach zitierte „Verhältnis" – auch in der Atelierszene kommt es vor – hinausgelangt ist zu einer reifen menschlichen Bindung.

Von daher mischen sich in den resignativen Grundton des Romans hoffnungsvollere Klänge.

Hans Mayer stellt eine Verbindung her zwischen diesem Paar und gewissen literarischen Bezügen auf Anna Karenina und Effi Briest: „Plötzlich hat die Ehe des Staatsanwalts Rolf und seiner Sibylle nicht bloß mit realen Konflikten zu tun, sondern auch mit romangemäßem Verhalten. Rolf überlegte sich, als gebildeter schweizerischer Intellektueller aus der Mitte des 20. Jahrhunderts, ob man nicht anders reagieren könne als der zaristische Beamte und Ehemann Alexej Alexandrowitsch Karenin. Die Rolle von Charles Bovary, des verkrachten Provinzmediziners, scheint er von vornherein aus Gründen gesellschaftlicher Selbstachtung auszuschalten. (...) Die Ehekrise zwischen Rolf und Sibylle bietet sich, wie Rolf erkennt, als Repetition berühmter und bekannter Romanliteratur an. Das Leben scheint die Literatur imitieren zu wollen. Es handelt sich um das Phänomen der Wiederholung."[17]

Es sei daran erinnert, daß Stiller bereits im „Ersten Heft" seiner Aufzeichnungen notiert hat: „Meine Angst: die Wiederholung–!" (S. 66)

---

17) Hans Mayer, Max Frischs Romane. Aspekte, S. 54

Die Gestalten des Umfelds

Thomas Mann projizierte einst Spielarten der eigenen Möglichkeiten in drei Novellenhelden: Tonio Kröger, Detlev Spinell und Gustav von Aschenbach.

Stillers Geschichten-Helden haben Ähnliches zu leisten, bis hin zu der Katze „Little Grey", die den Konflikt zwischen weiblicher Grazie und Lebenstüchtigkeit auf der einen und männlichem Grobsein und Lebensungeschick auf der anderen Seite symbolisiert.

Die in Anspruch Genommenen – Rip van Winkle, die Mulattin Forence, der Fremdenlegionär Isidor und Cowboy-Jim – gehören nicht eigentlich zum Roman-Personal. Dennoch bleibt das Ensemble der Figuren umfangreich genug, die Anzahl der durchgearbeiteten Charaktere hingegen recht gering.

Neben der Titelgestalt, dem Staatsanwalt und ihren jeweiligen weiblichen Partnern Julika und Sibylle erreichen nur Aufseher Knobel, Verteidiger Dr. Bohnenblust, Stillers Bruder Wilfried und der junge Architekt Sturzenegger jenen Grad literarischer Ausformung, der ihnen einprägsame Gestalthaftigkeit sichert.

Alle übrigen Figuren, die in der Handlung agieren, bleiben episodisch unscharfe Statisterie.

Als Sympathieträger unter den Dienern der Gerechtigkeit ist der Staatsanwalt nicht allein. Im Aufseher Knobel findet sich ein Bewunderer der Stillerschen Geschichten. Früher war dieser, redlich sich rakkernd, als Gemüsehändler mit Karren und Pferd durch ein einfaches Leben gezogen, angetrieben von der übermächtigen Ehefrau. Seit vierzehn Jahren bewahrt der nunmehrige Witwer liebevolle Erinnerungen in seinem Herzen an Rösli. Rösli hieß nicht etwa seine Ehehälfte, sondern das Pferd vor dem Gemüsefahrzeug. Seinen nunmehrigen Beruf hat er gleichsam aus ungestillter Sensationsgier gewählt. Im Gefängnis, so seine Hoffnung, würde er die Bekenntnisse interessanter Übeltäter im Originalton erfahren.

Mit Stiller meint es Knobel besonders gut. Er spricht ihn entgegenkommend mit „Mr. White" an, und sein kindlich-entzücktes „Tonnerwetter" (S. 23) quittiert dankbar die Glanz- und Knalleffekte Stillerscher Erzählkunst. Endlich sieht er seine Erwartungen erfüllt, denn enttäuschenderweise hört er von den anderen Gefangenen immer nur Unschuldsbeteuerungen. So schließt sich der von Stiller „eine Seele" (S. 22) Genannte immer mehr an seinen Schutzbefohlenen an. Er bewirtet ihn mit Bierwurst fürs eigene Geld und kommt am Sonntag in Zivil zu Besuch, getrieben von der kindlichen Sehnsucht nach neuen Geschichten.

Als schließlich selbst Knobel zur Kenntnis nehmen muß, daß White eben Stiller ist, entschuldigt er sich dafür.

Es fügt sich zum Charakterbild dieses braven Kleinbürgers, daß er zwar Angst verspürt vor den möglichen Folgen seiner Gutmütigkeit – so könnte die Bierwurst-Versorgung eine Rüge einbringen oder vielleicht sogar Amtsentlassung bedeuten – Stiller aber dennoch geneigt bleibt. Fast rührend mutet die Vorzimmerszene beim Staatsanwalt an, wenn Knobel mit einer Zeitungspantomime subalterne Lässigkeit demonstriert, so schwer es ihm auch wird, Distanz zu seinem Gefangenen hält und dann doch vor lauter ängstlicher Unsicherheit den Kneifer liegenläßt.

Es entbehrt nicht hintergründiger Ironie, wenn ausgerechnet die mit der Affäre befaßten Vertreter der Staatsmacht – der arrivierte Anklagevertreter wie der rangniedere Gefangenenwärter – für Stiller wenigstens partielles Verständnis aufbringen, sein vom Berufsethos her zum Verbündetsein verpflichteter Verteidiger hingegen konsequent auf die Demontage der Position seines Mandanten aus ist.

Der Name Dr. Bohnenlust – intellektuelle Schlichtheit assoziierend – unterstützt die ironische Absicht vom Klangbild her. Professionelle Tüchtigkeit wird ihm wohl zugesprochen wie vordergründig auch Intelligenz. Jedoch Hintergründiges ist kaum zu überhören, so wenn er Stillers Zelle im Hotelierston preist wegen der Morgensonne und dem Kastanienblick.

Daß diese Gestalt satter Ironie verfällt, hängt mit Max Frischs Schweizkritik zusammen, die an Bohnenblust festgemacht wird: „Mein Verteidiger ist ein herzensguter, jedenfalls ein argloser Mensch, Sohn aus gutem Haus, rechtschaffen bis in die Kleidung, etwas verhemmt, doch sogar seine Hemmungen werden zu Manieren, und vor allem ist er gerecht... aus einer beinahe schon angeborenen Überzeugung heraus, daß es Gerechtigkeit gebe zumindest in einem Rechtsstaat, zumindest in der Schweiz... am Ende, wenn man seine Schweiz nicht einfach lobt, hat man immer unrecht..." (S. 19)

Eine satirische Zuspitzung setzt diese Tendenz fort, wenn Stiller seinen Traum von militärischer Willkür offenbart und im allerbesten Reserveoffiziers-Stil patriotisch gerügt wird: „Militär scheint auch in der Schweiz etwas Heiliges zu sein, und mein Verteidiger kann's nicht dulden, daß man schlecht davon träumt." (S. 171)

Der Verteidiger verlangt von Stiller, die Wahrheit über sein Leben niederzuschreiben. Gedacht ist dabei an eine Art Tatsachen-Verzeichnis mit Namen, Daten und Zahlen, geeignet, vor Gericht hilfreich eingesetzt zu werden.

Stiller nimmt, wie einst Till Eulenspiegel, diese Aufforderung allzu wörtlich und beschreibt seine, das heißt eine andere Art von hintergründiger Wahrheit.

Der Konflikt erscheint aus beider Sicht sachlich bedingt: Der Jurist ist bemüht, Stillers Unschuld im Hinblick auf den Vorwurf der Agententätigkeit zu beweisen. Seines Mandanten beharrliche Identitätsflucht manövriert ihn in aussichtslose Position.

Der Mandant weigert sich aus bekannten Gründen, Stiller zu sein. Er wehrt sich gegen die angebotene „Flucht in eine Rolle". (S. 47) Die Aktivitäten der Verteidigung stehen notwendigerweise dagegen. Es nimmt daher nicht wunder, daß der Kommunikation zwischen ihnen von vornherein enge Grenzen gezogen sind.

So ist Stiller froh, wenn der Verteidiger für ihn nur wenig Zeit findet: „Seine Zeit ist begrenzt; darin liegt meine einzige Rettung vor diesem herzensguten Herrn ..." (S. 21)

Daß seine Aufzeichnungen nicht befriedigen würden, steht von Anbeginn fest, und es bestätigt sich dann auch.

Noch wenige Tage vor jener bestürzenden Atelier-Konfrontation mit Stillers Stiefvater faßt Bohnenblust die beiderseitige Position eindeutig knapp zusammen: „Ich verstehe es nicht." (S. 326)

Die nötigen Belege für ein entlarvendes Psychogramm des Verteidigers enthält der nicht enden wollende Wortschwall unmittelbar vor dem niederträchtigsten Augenblick der Atelierszene: Vernunft, Verstocktheit, Freiheit in der Bindung, Ehe als sittliche Aufgabe, Heimat, Wurzeln, Dankbarkeit, positive Haltung, Gemüt, Herz, Hoffnung, zehn Gebote, guter Kern, Opfer, Seelenfriede, Gottesglaube, wahre Werte, Irrtum des Kommunismus, Charakter, Gemeinschaft und Schweizer Wesen, Schweizer Geld, Schweizer Glaube, Schweizer Freiheit werden da zum Zwecke der Sturmreifwerdung eines Verstockten ins Feld geführt. Was Wunder also, daß Stiller nach erfolgtem Gerichtsspruch, „eine Art von Dankbarkeit zum Ausdruck zu bringen", schlicht vergessen hat (S. 378).

Die Beziehungsarmut zu Bohnenblust wird von Stiller als problemlos empfunden. Anders steht es um sein Verhältnis zu dem jüngeren Halbbruder Wilfried aus der Ehe seiner Mutter mit dem jetzt im Altersasyl lebenden Greis.

Im ursprünglichen Sinne des Wortes ein lauterer Charakter, beruft sich Wilfried Stiller nicht verbal auf Gott. Dennoch leidet es keinen Zweifel, daß seine selbstverständliche Güte im Religiösen wurzelt; denn er handelt konsequent im Sinne der christlichen Gebote.

Es bedürfte nicht der Feststellung: „Wir stehen lange so da ... wie eben zwei Protestanten" (S. 321) oder des Zitats der Grabinschrift von Stillers und Wilfrieds Mutter „Hier ruht in Gott" (S. 321), um dies sinnfällig werden zu lassen. Dafür stehen Wilfrieds Briefe und ihre Begegnung, Zeugnisse brüderlicher Zuneigung und Annahme, Zeugnisse aber auch der Anerkennung einer Wilfried zwar unverständlichen, aber dennoch zu respektierenden Entscheidung des anderen.

Stiller bleibt nicht unbeeindruckt. In seinem Bericht vom Wirtshausbesuch mit Wilfried nach der Grabvisite bricht hier und da wie von selbst das alte Ego durch: „Natürlich sprechen wir über unsere Mutter..." (S. 321), heißt es, oder auch „Wilfried wollte ja einmal nach Kalifornien, was dann wegen Mutter nicht ging..." (S. 324).

Wilfried Stiller war im Gegensatz zu Anatol Stiller nicht das Lieblingskind seiner Mutter. Streng gehalten, wurde er auf Praktisches gelenkt, auf Geldverdienen und berufliche Tüchtigkeit. Er galt als geringer begabt gegenüber dem Bruder, zumal in musischen Dingen.

So sitzt denn ein „gesunde(r), etwas rauhe(r), in seiner Trockenheit so herzliche(r) Mann" (S. 322) mit Stiller am Wirtshaustisch, der mit den Leuten redet, ohne sich „um eine Nuance zu verstellen" (S. 323). Selbstüberforderung ist ihm zeitlebens fremdgeblieben mit dem Ergebnis einer selbstlosen und selbstverständlichen Moral, die anders als etwa bei Bohnenblust, nicht der großen Worte bedarf, um sich selbst zu stützen. Von seinen Jugendträumen – Farmer in Argentinien – hat er Abschied nehmen müssen, weil die Mutter zu krank war. Aber auch in der Schweiz hat er es zu Auskommen gebracht als Verwalter in der Obstabteilung einer Landwirtschaftlichen Genossenschaft. „Wilfried ist nicht zweideutig, nicht geistreich, nicht neugierig, ein Mensch des natürlichen Daseins, nicht des Ausdrucks" (S. 324) erkennt Stiller, und für einen Augenblick denkt er darüber nach, „ob ich nicht, wenn auch ungefragt, mich erklären sollte" (S. 325).

Nachher notiert er: „Die heutige Begegnung hat mich doch sehr verwirrt. Wie stehe ich in dieser Welt?" (S. 326)

Wilfried übernimmt später freiwillig und ungebeten die im Urteil festgeschriebenen Kosten, ein materielles Opfer, das dem mehrfachen Familienvater nicht leichtfallen kann.

Die letzten Worte des Stiller-Berichts gelten mit Sicherheit nicht nur dieser großherzigen Geste, sondern der Brüderlichkeit in ihrer humanen Dimension, wie sie der Moralist Max Frisch in Wilfried Stillers Handeln abgebildet hat: „Ich danke ihm!" (S. 378)

Fast schon den Rang einer Randfigur wie Direktor Schmitz, der Zeughaus-Leutnant, der kleine Jude, Alex' Eltern, der junge Zahnarzt oder die Freundesgruppe aus vergangenen Tagen hat, der knappen literarischen Ausformung nach, der Architekt und Freund Stillers Sturzenegger.

Frisch benutzt diese Gestalt, um die einebnende Wirkung sozialen Aufstiegs zur Anschauung zu bringen.

Der junge Sturzenegger schwärmt „von konsequenter Modernität" (S. 206), ist von der Gelegenheit, seine Vorstellungen in Rolfs Haus zu verwirklichen, fasziniert und „war von seinem Bau begeistert, so daß er sich keine Sonntagsruhe gönnen konnte, und wie jeder begeisterte Mensch hatte er ein viel schöneres und liebenswerteres Gesicht als je" (S. 217), auf der Baustelle, wo ihn der Staatsanwalt trifft, der eben von Genua zurückgekehrt ist.

In der Fachwelt beginnt man, ihn zu beachten. Bald wird er in Kalifornien eine große Fabrik bauen dürfen. Seine Anhänger loben „auch noch die menschlichen Vorzüge dieses jungen Mannes, seinen Charme, seine Kühnheit, sein Draufgängertum, seine Rücksichtslosigkeit, seinen Schwung, seine Vitalität, seine Sensibilität, seine Intensität auch im Körperlich-Sinnlichen und was sonst noch einen Architekten ebenso auszeichnen mag wie einen Liebhaber" (S. 221).

Mehr als ein halbes Dutzend Jahre später, beim Besuch des Häftlings Stiller, scheint das Feuer erloschen: „Das also ist Sturzenegger... ...heute ein Mann von Karriere, ein Mann der fidelen Resignation..." (S. 239), ein Hampelmann an den unsichtbaren Fäden der Gewöhnung, kein Mensch" (S. 240).

In den letzten Jahren hat er großartig verdient, seine Weltsicht der vorherrschenden Meinung angepaßt und sich angewöhnt, in Zeitungsklischees – zum Beispiel über die Sowjetunion – daherzureden. Auch er wird zu einer Figur der Schweizkritik, gleichsam zu einer berufsständischen: Architektur, Altstadtsanierung und falsche Idyllik stehen in Rede. Auch Sturzenegger hat seine Einwände, schon seit Jahren, freilich hinter der vorgehaltenen Hand. Schließlich verdankt er dem Oberbaumeister der Stadt bedeutende Aufträge. Zukunftsideen müssen hinter dem Realistischen – sprich Verdienstmöglichkeiten – zurückstehen.

Auch die Begegnung mit diesem „Arschloch" (S. 246) wirkt in Stiller nach: „Typen wie dieser Sturzenegger (und wie mein Verteidiger) bringen mich um jeglichen Humor; das ist es, was ich ihnen verarge" (S. 247).

Kein Zweifel: Hier spricht Max Frisch.

Bau, Erzählhaltung, Sprache

Unsere Strukturanalyse des Romans folgt der von Manfred Jurgensen vorgenommenen Einteilung[18], die sich präzise an die Textabfolge hält. Gelegentlich arbeitet man mit abweichenden Zählungen[19], allerdings auf Kosten der Genauigkeit.

Wenn jede relativ selbständige Sinneinheit unabhängig von ihrem Umfang als erkennbarer Textabschnitt beziffert wird – vom einzeiligen Stoßseufzer bis zur kompletten Novelle – ergibt sich nachstehende Übersicht:

I.: Motto 1/Motto 2; aus Kierkegaard „Entweder – Oder"

II.: Erster Teil „Stillers Aufzeichnungen im Gefängnis"

Erstes Heft	Zweites Heft	Drittes Heft	Viertes Heft
1.–41. (S. 7–82)	42.–50. (S. 83–148)	51.–76. (S. 149–198)	77.–81. (S. 199–230)

Fünftes Heft	Sechstes Heft	Siebentes Heft
82.–99. (S. 231–250)	93.–103. (S. 251–312)	104.–130. (S. 313–378)

III.: Zweiter Teil „Nachwort des Staatsanwaltes"

1.–4.
(S. 381–432)

---

18) vgl. Manfred Jurgensen, Max Frisch. Die Romane, S. 94–99

19) vgl. Sybille Heidenreich, Max Frisch. Mein Name sei Gantenbein. Montauk. Stiller, S. 14–27; die Arbeit zählt im „Ersten Teil" 119 Textabschnitte

Der „Erste Teil" des Romans erreicht nach ausgezählten Druckseiten – 371 zu 51 – mehr als den siebenfachen Umfang des „Zweiten Teiles". In das Handlungsgefüge einfunktioniert finden sich folgende Geschichten:

Erstes Heft

- „Haarölgangster" Schmitz
- Erlebnisse in Mexiko
- Haziendaminister
- Isidor
- Vulkanausbruch
- Mulattin
- Katze „Little Grey" und Helen
- Rip van Winkle

Zweites Heft

- Spaniengeschichte

Drittes Heft

- Höhlengeschichte
- Stiefvater-Geschichte
- Florence

Viertes Heft

- Kleiderstoff-Geschichte

Sechstes Heft

- Parfüm-Geschichte

Zweiter Teil

- Geschichte Rolfs von der mexikanischen Krokodilfarm

Im wesentlichen auf die Entfremdung von der realen Welt hinauslaufend, kommt den Geschichten um Isidor, Rip van Winkle, Cowboy-Jim und Florence auch nach Umfang und Art der Ankündigung im Text besonderes Gewicht zu. Es fällt auf, daß mit dem Näherrücken des Urteilsspruches die Geschichten Stillers seltener werden. Ihre Konzentration im „Ersten Heft" geht einher mit dem kompromißlosen Festhalten an der Fiktion seiner White-Identität.

Alle Geschichten tragen Parabelcharakter[20].

So dient Isidor als Demonstrationsfigur, um die Angst Stillers vor der Wiederholung zu illustrieren. Die Wiederaufnahme der Ehe mit Julika birgt unvermeidlich Isidor-Erlebnisse in sich. Rip van Winkles Situation gleicht der Stillers insofern, als beide Mühe haben, der Umwelt ihre Lebenswahrheit zu vermitteln. Der Höhlenkampf der beiden Jims läßt nur den Sieger übrig – ein treffendes Sinnbild für Stillers Wiedergeburt nach dem Selbstmordversuch. Die Mulattin Florence endlich ist eine Projektion jenes Bildnisses, nach dem Stiller Julika zu formen versucht. Ein Detail mag für viele stehen. Florence „verbraucht" (S. 185) drei, vier Tänzer und bricht dann ab, „ohne im mindesten erschöpft zu sein" (S. 185).

„So gibt denn jede der in den Roman eingestreuten Geschichten nur eine Teilantwort auf die Frage nach dem wahren Stiller. In keiner dieser Geschichten – auch nicht in den von Stiller erlebten – ist der Held völlig identisch mit Stiller: Eine jede zeigt nur eine der von ihm verwirklichten oder erträumten Möglichkeiten. Darum ist auch eine Vielzahl von Geschichten notwendig, um ein Bild von Stiller zu entwerfen, das der vollen und ganzen Wahrheit sich nähert. Eine einzige Geschichte würde Stiller auf ein fertiges Bildnis festlegen, würde die Fülle seiner Möglichkeiten aufheben."[21]

Der Roman, seiner Anlage nach tagebuchartig, überläßt der Titelgestalt im gesamten „Ersten Teil" die Erzählerfunktion. Folgerichtig bilden

---

20) „Die Parabel (griech.: Vergleichung, Gleichnis) als eine besondere Art der lehrhaften Dichtung illustriert eine Wahrheit, indem sie einen analogen Vorgang oder eine analoge Erscheinung aus einem anderen Bereich so darbietet, daß durch Analogieschluß die eigentlich erstrebte Erkenntnis erreicht wird." – Hans Gehrke, Brecht. Der gute Mensch von Sezuan. Leben des Galilei, S. 15

21) Werner Zimmermann, Deutsche Prosadichtungen unseres Jahrhunderts, S. 149

Meinungen, Erfahrungen, Erinnerungen und natürlich auch Erfindungen Stillers den wesentlichen Teil seiner Substanz. Das alles wird angereichert mit umfangreichen Protokollpassagen, in denen das Erleben anderer festgehalten ist.

So präsentiert sich die glatte Oberfläche einer in der Tiefe sehr viel komplizierter strukturierten Erzählhaltung. Stiller/White, zum Erzählen genötigt, unterzieht sich dieser Aufgabe ja nur unter etlichen Vorbehalten: Er ist nicht bereit, Verrat zu üben an der neuen Identität. Er fühlt sich nicht im Besitz einer Sprache, die seine Wirklichkeit fassen könnte. Er erkennt die vom Verteidiger erwartete Wahrheit nicht als die seine an. Er steht unter dem Gebot seines Engels und ist mithin der Subjektivität des persönlichen Empfindens anheimgegeben. Hans Geulen wertet: „Zahlreiche Reflexionen und Gespräche umkreisen das Kernproblem. Für Stiller steht als Lebensfrage im Vordergrund: die Frage nach der eigenen Wirklichkeit. Der Roman verfolgt eine entsprechende Technik, indem diese Wirklichkeit Stillers von verschiedenen Perspektiven aus ‚versucht' wird. Jede dieser Perspektiven entwirft nicht nur ein Bild Stillers, sondern ermöglicht zugleich den Blick auf eine bestimmte Schicht gelebten Lebens."[22]

Als Erzähler bleibt Stiller/White gleichsam eingeengt, ja gefesselt durch die Fiktion, er sei nicht Stiller. Er muß erzählen, ohne Rückgriffe auf Stillersches Wissen um Vergangenes, um Freunde, Eheerinnerungen oder Selbstanalytisches. Was ihm einzig bleibt, ohne Verlegenheiten zu riskieren, ist die Erzählgegenwart, sind die vorgeblichen Erinnerungen Whites. So nimmt er Zuflucht zum Protokollieren fremder Erlebnisse und zu wahren oder erfundenen Geschichten, freilich nicht, ohne subjektiv gestaltend als schöpferischer Berichterstatter im Sinne seiner ureigensten Bestrebungen wirksam zu werden.

„Frisch konstruiert also in seinem Roman eine komplexe Erzählkomposition, die aus mehreren Elementen besteht: erstens, dem angeblich wenig wissenden Erzähler Stiller/White; zweitens, der Verteilung

---

22) Hans Geulen, Max Frischs 'Homo Faber'. Studien und Interpretationen, S. 19

der Erzählung auf mehrere Gestalten, deren Berichte aber wiederum von Stiller/White nach seiner Interessenlage neu gestaltet werden; und drittens, dem persönlichen Anteil dieses Erzählers am Erzählten. Diese Konstellation hat Auswirkungen auf mehrere Aspekte des Romans, darunter die Zeit-, Ort- und Personengestaltung".[23]

Den Rahmen der hier eröffneten Möglichkeiten würde selbst der leiseste Versuch einer Stiluntersuchung zum „Stiller" sprengen. Möglich ist aber, auf Grundsätzliches hinzuweisen, den Blick des Lesers zu schärfen für eigenes Beobachten und Erkennen.

Nicht von ungefähr merkt Manfred Jurgensen an: „Es hat wenig Sinn, diese Dichtung mit herkömmlichen Stilbegriffen charakterisieren zu wollen".[24] Es sei denn, ließe sich mit einigem Recht ergänzen, man zählte sie alle auf.

Vom wortkargen Stoßseufzer bis zur geschwätzigen Selbstentlarvung, vom anrührsamen Liebeswort bis zur unmißverständlichen „Arschloch"-Klassifizierung wird alles bemüht, was Sprache herzugeben hat: Episches, Lyrisches, Dramatisches, Märchen, Anekdoten, Parabeln, Novellistisches, Essayistisches, Sinnsprüche, Volksweisheiten, grober Spott und feingeschliffener Sarkasmus. Anspruch auf Vollzähligkeit kann nicht geltend gemacht werden. Zu solcher Vielfalt der Formen fügen sich unaufhörliche Änderungen der Zeitebenen und Erzählperspektiven, der Wechsel zwischen Faktischem und Fiktivem.

Nicht immer vermeidet Max Frisch Stilwagnisse, die auch, ohne daß man der Beckmesserei verfiele, als störend zu registrieren sind: „An manchen Stellen des Romans ist der Stil, trotz oder wegen Frischs erzählerischer Verve, nicht mehr korrekt oder unerlaubt flüchtig. (...) ‚Ich ergriff ihre schlanke Hand, damit sie erwachen würde' (S. 107). Oder: ‚Sie schaute ihn an, ungläubig, daß ein Mann so wenig spüren würde' (S. 360). ‚Julika genoß, zum erstenmal einen Mann getroffen zu

23) Gertrud Bauer Pickar, ‚Kann man schreiben, ohne eine Rolle zu spielen?'. Zur Problematik des fingierten Erzählens in ‚Stiller', in: Wirkungsgeschichte, S. 80

24) Manfred Jurgensen, Max Frisch. Die Dramen, S. 62

haben, vor dem sie sich nicht fürchtete' (kann man sagen: Ich genieße, dich getroffen zu haben?). Auf S. 125 garantiert der Arzt seiner Patientin den sofortigen Tod, ‚falls sie nicht sofort in ein Sanatorium gehen würde'. ‚Alle diese Morde', heißt es auf S. 164, ‚vollstrecken sich langsam' (Unterschied zwischen Vollzug und Vollstreckung). ‚Es hätte gar keiner Tuberkulose gebraucht', statt bedurft (S. 171). Oder ‚Julika beschäftigte es aber doch, diese innere Entfernung vom Ballett" (S. 169). Ein junger Mann bleibt aus, ‚weil Julika sich Einmischungen verbeten mußte' (S. 174). Stiller liefert ‚Geständnisse, betreffend seiner Liebe zu der Dame, die Sibylle hieß' (S. 189); ‚betreffend das Begräbnis', heißt es an anderer Stelle richtig (S. 315). Dies sind nur ein paar krasse Beispiele. Sie verteilen sich übrigens nicht auf den ganzen Roman, sondern finden sich in bestimmten Abschnitten, die jedoch dringend der Feile bedurft hätten."[25]

Gemessen am Romanganzen haben solche Einwände freilich nur geringes Gewicht. Sie können den Blick keinesfalls verstellen für das Übermaß des stilistisch virtuos Gehandhabten. Repräsentativ für die Fülle seien zwei Beispiele hervorgehoben: „In Bohnenblusts letzter Rede, einem dummen Loblied auf die Schweiz, in dem alle Redewendungen vorkommen, die in den eng bürgerlichen Kreisen, von denen sich Stiller entfernt halten will, geläufig sind, stellt er sich als Blutsbruder von Gottlieb und Babette Biedermann mit ihren platten Redewendungen und ihrem leeren Geplapper bloß. Die Gedankenlosigkeit seiner Rede und seine Pomposität werden noch verstärkt durch das gesteigerte Tempo und den schroff abgekürzten, phrasenartigen Satzbau der Rede."[26]

Ein Sprachmotiv, das auffallend oft wiederkehrt im Zusammenhang mit Julika, ist das der „Jugendstil-Verglasung".[27] Die Veranda im Davoser

---

25) Karl-August Horst, Bildflucht und Bildwirklichkeit, in: Wirkungsgeschichte, S. 35 – Die im Zitat angegebenen Seitenzahlen sind mit denen der hier zugrundeliegenden Ausgabe nicht identisch.

26) Gertrud Bauer Pickar, a. a. O., S. 83

27) G. B. Pickar deutet den Namen Julika Stiller sogar als klangliche Anspielung auf das Wort Jugendstil. – vgl. a. a. O., S. 96

Sanatorium zeigt sie, und auch im waadtländischen Schwyzerhüsli ist sie vorhanden (vgl. S. 391): „Julika wird auch mit der giftigen, blassen, lilafarbenen Herbstzeitlose identifiziert, einer Blume, die in Form und Farbe wie ein Jugendstilwerk anmutet. Diese Herbstblume wird als Vorbote des Winters und des Todes gesehen, und Stiller bringt sie mit Julika in Verbindung, und zwar im Zusammenhang mit ihrer Müdigkeit und ihrem ‚Hang zum Kranksein'. (...) Die entstellte aber trotzdem graziöse und anlockende Sinnlichkeit des Jugendstils deckt sich ausgezeichnet mit der dem Leben entrückten Sinnlichkeit Julikas, die ja nur als künstlerische Darbietung zu genießen und eher ästhetisch als physisch zu erfassen ist.

Das oben schon angedeutete Glas-Motiv, das mit der Jugendstil-Veranda eingeführt wird, findet in der häufigen Assoziation zwischen Julika und Glas bzw. Kristall, Verwendung. Diese Verbindung steht auch mit der Stiller zugeschriebenen Bemerkung in Einklang, er sei „in ihre Spröde, ihre Zerbrechlichkeit" verliebt gewesen."[28]

Max Frisch irritiert seine Leser im „Stiller" durch Ironie, die nicht immer angebracht erscheint, durch Schweiz-Kritik, die gelegentlich überzogen anmutet, durch Haltungen seines Helden, die befremdlich wirken. Das alles „will in gewissem Sinne ernst und wieder nicht ernst genommen sein. Es sind Aussagen jetzt und hier, Akte der Notwehr außerdem, Schutzmaßnahmen gegen das Ich. Und nicht zu den geringsten Verdiensten des Autors gehört die Kunst, mit der er diesen äußerst schwierigen, schwebenden Ton durchzuhalten vermag, wie heimlicher Schmerz, Humor und Spott sich vereinigen zu einem Prosakonzert, dem wir nichts Ähnliches in unserem Schrifttum zur Seite zu stellen wüßten."[29]

---

28) Gertrud Bauer Pickar, a. a. O., S. 97

29) Emil Staiger, „Stiller". Zu dem neuen Roman von Max Frisch, in: Wirkungsgeschichte, S. 61

Anmerkungen zu Motiven des Romans

„Stiller ist nicht nur ein Künstlerroman, sondern zugleich auch ein Gesellschaftsroman, sowohl ein Liebesroman als auch ein Bildungsroman, der Roman einer Freundschaft und ein Glaubensroman, ja, er trägt darüber hinaus sogar deutliche Züge eines Kriminalromans".[30)]
Von welcher der vielen möglichen Seiten her man sich dem dargestellten Geschehen auch nähern mag, am Zentralproblem, jener mit ‚Identität', ‚Rolle' oder ‚Bildnis' umschriebenen Thematik führt keiner dieser Wege vorbei.
Identitätskrisen sind heute ein relevantes Thema. Midlife-crisis, hohe Scheidungsraten, Alkoholismus, Suchtprobleme und Aussteigermentalität heißen einige seiner Chiffren in den Industrieländern.
Vor diesem Hintergrund nimmt sich der Roman „Stiller" als ein höchst modernes Buch aus, dem antizipatorische Qualitäten nicht abzusprechen sind. Identitätswechsel – im Roman eine subjektive Fiktion – kann zur durchaus realen Überlebensnotwendigkeit werden, für kronzeugende Terrorismus-Abtrünnige etwa oder für Überläufer an der Geheimdienst-Front. Und auch Identitäts-Veränderungen durch Gesellschafts-Evolution gehören in unseren Zusammenhang: Mutterschaftskult, der in der NS-Zeit letzte Blüten trieb als Gegengewicht zum Tötungskult ist lächerlich geworden. Nicht mit den, sondern durch die Kinder zu leben, ohne die eigenständige Identität zu pflegen, gilt als weibliche Neurose. Die 'overprotecting mother' ist als sozialschädlich erkannt. Im Trend der Zeit liegt die junge Frau, die sich nicht mehr Mama rufen läßt und lässig Kind und Karriere kombiniert." [31)]
In einem an anderer Stelle zitierten Interview hat Max Frisch mit ein wenig Selbstironie das Identitätsproblem sein literarisches Warenzeichen genannt. Rechtfertigung dafür ist ihm aus der Gestalt des Bildhauers Anatol Stiller reichlich zugewachsen.

---

30) Manfred Jurgensen, Max Frisch. Die Dramen, S. 62

31) Ariane Barth, Mann oder Frau – wählt was ihr wollt, in: Der Spiegel Nr. 9/1984, S. 199

Dieser verteidigt die behauptete Identität des James Larkin White hartnäckig, ja bis zur Unvernunft leidenschaftlich gegen eine Umgebung, die nicht weniger hartnäckig darauf aus ist, ihn zu widerlegen.

Für eine gewisse Zeit bleibt der Leser im Zweifel, wer denn nun im Recht sei. Aber dann schimmert immer deutlicher die Wahrheit durch: Stiller ist nicht White. Anhaltspunkte liefern die erste Begegnung mit Julika, eingestreute bekenntnishafte Reflexionen über sich selbst, Bemerkungen über die Selbstannahme oder den Wunsch zum Anderssein, wie ihn die Schwarzen in Amerika vorführen, das plötzliche Hinübergleiten in persönliche Erinnerungen, etwa im Gespräch mit dem Bruder Wilfried.

Von dieser poetischen Ausgangssituation her entsteht ein bildhafter Gegensatz zwischen den Dingen und Erscheinungen des äußeren Lebens und des inneren Erlebens, versinnbildlicht durch:

- die gefälschten Papiere Whites, mit denen er jahrelang gereist ist
  und
  die im Stillerschen Sinne wahren „Papiere", jene Gefängnisaufzeichnungen, die über seine wahre Identität gültige Auskunft geben;
- die vom Verteidiger geforderten nachprüfbaren Tatsachen aus seinem Vorleben
  und
  die von Stiller als seine Wirklichkeit empfundenen Kopfgeburten einschließlich des eigenen Neu-Geboren-Werdens mit einigen dreißig Jahren;
- die amtlich verfügten Verhöre und Konfrontationen
  und
  die subjektiven Empfindungen des Verhörten und Konfrontierten.

In einer fortgeschrittenen Phase der Handlung – jenseits vom „Ersten Heft" – geht es zunehmend nicht mehr vordergründig um die bedingungslos-aggressive Selbstbehauptung als James Larkin White, sondern um in wesentlichem Grade reaktiv bestimmte Selbstfindung: „Er weiß nur eins: der, zu dem man ihn machen wollte, ist er nicht. Aufschlußreich ist die Konfrontation mit seinen früheren Freunden im Gefängnis, nach der er feststellt, daß im Grunde jeder einen anderen Stiller gekannt haben will. Wüßte er, was er wirklich ist, er hätte kaum Schwierigkeiten, dies kundzutun. Aber hier ist die Warnung vor dem Bildnis so weit geführt, daß sie schließlich heißt: Du darfst Dir auch kein Bildnis von Dir selber machen, es sei denn, Du nimmst Dir die Möglichkeit, Dich zu wandeln und weiterzubringen auf Deinem Wege. In einem Gespräch mit seinem Verteidiger versucht Stiller klar zu machen, daß er nicht der gesuchte Stiller und doch Stiller ist."[32]

In diesem Gespräch, einer Stillerschen Reflexion über jene Identität, die aus dem gelebten Leben resultiert, ist die rhetorische Frage enthalten: „Vielleicht ist das Leben, das wirkliche, einfach stumm – und hinterläßt auch keine Bilder, ..." S. 63 f.)

Die Sprache steht im Roman in engem Zusammenhang mit der Identitätssuche Stillers. So fragt er einmal: „Wozu mein Geflunker?", um sich dann selbst zu antworten, damit man ihm seine „Wirklichkeit" (S. 46) ließe. Später freilich dämmert ihm das Ohnmächtige seines Beginnens: „Das ist es: ich habe keine Sprache für die Wirklichkeit. (...) Soll ich mich ergeben? Mit Lügen ist es ohne weiteres zu machen, ein einziges Wort, ein sogenanntes Geständnis, und ich bin 'frei', das heißt in meinem Fall: dazu verdammt, eine Rolle zu spielen, die nichts mit mir zu tun hat. Andererseits: wie soll einer denn beweisen können, wer er in Wirklichkeit ist? Ich kann's nicht. Weiß ich denn selbst, wer ich bin? Das ist die erschreckende Erfahrung dieser Untersuchungshaft: ich habe keine Sprache für meine Wirklichkeit!" (S. 81)

Sprache in Form der Stillerschen Aufzeichnungen wird zum Instrument der Identitätssuche: „Schreiben wird zu einem Akt der Selbstentdeckung, zu einem stufenhaften Prozeß der Selbstidentität. Schweigen würde das Geheimnis der Identität bewahren. Sprachliche Mitteilung jedoch vermag gerade durch sprachliche Skepsis einen erheblichen Teil der subjektiven und objektiven Wirklichkeit zu offenbaren.

---

32) Sybille Heidenreich, Max Frisch. Mein Name sei Gantenbein ..., S. 32 f.

Daß sich die Sprache hier selber in Frage stellt, gehört zum dramatischen Grundcharakter des Romans: die Suche nach Stillers Identität bleibt von der Suche nach einer wirklichen Sprache untrennbar. Es ist kein Zufall, daß Rolf in seinem eigenen Bericht wiederholt von Stillers Verstummen spricht. In der Tat: Stiller selbst erzählt sich nicht zu Ende, stellt sich schließlich auch nicht länger in Frage, akzeptiert die Grenzen seiner zufälligen Existenz. Indem er sich selber aufgibt, kündigt er auch der Sprache."[33]

Es fällt auf, daß Stillers erzwungener Aufenthaltsort, die Gefängniszelle, kaum als lästig ins Bild rückt. Eine Flucht, die eigentlich naheliegen würde, erscheint völlig ohne Bedeutung.

Offenkundig hat Max Frisch den Kunstgriff der Stillerschen Untersuchungshaft aus Beweggründen angewandt, die sich sowohl auf Lebenswahrheiten wie auf das Symbolische richten.

Stiller, ausgewiesen als einer, der mit den Unmittelbarkeiten des Lebens nicht zu Rande kommt, findet hier jenen Grad des Abgesondertseins, der ihm die Daseinsbetrachtung gleichsam von außen ermöglicht, eine Art Mönchs-Situation also. Und tatsächlich fällt der Satz: „Wer hätte nicht zuweilen den Wunsch, Mönch zu werden!" (S. 181)

Der Symbolgehalt seiner Gefangenschaft macht auf die Tatsache aufmerksam, daß Stiller im Grunde der Knebelung durch seine Selbstüberforderung unterliegt. Nicht von ungefähr heißt es im „Ersten Heft": „Ich könnte jederzeit aufstehen, die Hände von meinem Gesicht nehmen und mich in Freiheit umsehen, das Gefängnis ist nur in mir." (S. 18)

Seine innere Unfreiheit erwächst aus dem selbst auferlegten Paradoxon, daß Stiller sich zu entfliehen sucht, indem er die Selbstfindung probiert. Ulrich Ramer merkt in diesem Zusammenhang an: „Die Tatsache, daß er immer weniger zwischen Stiller (seiner Vergangenheit) und White (seiner gegenwärtigen Vorstellungssituation) zu trennen vermag, scheint sich der Krisis zu nähern, denn ein Zwischending zwischen Stiller und White bringt noch keine andere Zukunft..."[34]

---

33) Manfred Jurgensen, Mas Frisch. Die Romane, S. 72

34) Ulrich Ramer, Im Schatten der Eigentlichkeit, S. 189

Folgerichtig bringt das Urteil am Ende der Untersuchungshaft als einzige die Pseudofreiheit der Resignation. „Mein Engel halte mich wach" schließt Stiller seinen Bericht. Bis zu diesem Augenblick ist jene Selbstannahme noch nicht vollzogen, von der das Nachwort des Staatsanwalts dann zu berichten weiß: „Verstummt war in ihm die leidige Frage, wofür wir ihn halten, verstummt seine Angst vor Verwechslung." (S. 401)

Aber auch Rolf erkennt nicht die Vollendung der Stillerschen Selbstannahme: „Er war im Begriff, den zweiten und noch viel schwereren Schritt zu tun, herauszutreten aus der Resignation darüber, daß man nicht ist, was man so gerne gewesen wäre, und zu werden, was man ist. Nichts ist schwerer, als sich selbst anzunehmen." (S. 402)

Der hier schweigt – im neuen Leben seinen Namen Stiller rechtfertigend – ist kein Sieger über sich selbst, sondern ein von den gesellschaftlichen Gegebenheiten Besiegter: „Da hat eine herrschende Gesellschaftsordnung sogenannte Leitbilder aufgerichtet, nach denen sich der Einzelne richten soll und meistens auch richtet. So kommt es zu dem so nachdrücklich am Fall Stiller geschilderten Vorgang einer Reproduktion, die zeigt, daß unter bestimmten gesellschaftlichen Verhältnissen (jenen beispielsweise der schweizerischen Bürgerwelt nach dem Zweiten Weltkrieg, die sich Frisch zum Modellfall wählte) die echte, originale, unmittelbare Produktion einer eigentümlichen Lebensgeschichte im Zeitalter der Illustrierten und Kulturfilme gar nicht mehr möglich ist. Angewandt auf die Geschichte des Bildhauers Stiller, wird der Gedanke Max Frischs aus jenem Werkstattgespräch [35] etwa so modifiziert werden müssen: jeder Mensch erfindet sich früher oder später eine Geschichte, die er für sein Leben hält. Er hat aber unter bestimmten realen Lebensbedingungen nur die Auswahl unter einigen vorhandenen Fertigmodellen. Welches auch immer er erwählt, es wird eine Lebensgeschichte daraus, die ebensogut in einer illustrierten Zeitschrift erzählt werden könnte. Umtausch

35) vgl. Horst Bienek, Werkstattgespräche mit Schriftstellern, München 1962

der Modelle im Warenhaus für Lebensgeschichten ist nicht gestattet. Was am Falle Stillers zu beweisen war."[36]

Das Illustrierten-Motiv tritt uns im Roman mehrfach entgegen.

Stiller wird beim Grenzübertritt auf Grund eines Illustrierten-Fotos erkannt. Julika erlebt sich zu ihrem Entzücken in unendlicher Vervielfältigung, als ihr Illustrierten-Foto erscheint. Während ihres Fluchtversuchs aus dem Sanatorium erwirbt sie auf dem Bahnhof von Landquart eine Illustrierte. „Wir leben in einem Zeitalter der Reproduktion. Das allermeiste in unserem persönlichen Weltbild haben wir nie mit eigenen Augen erfahren, genauer: wohl mit eigenen Augen, doch nicht an Ort und Stelle; wir sind Fernseher, Fernhörer, Fernwisser" (S. 183), heißt es in einer der Stillerschen Reflexionen. Fotos vom Haus des Staatsanwalts erscheinen in der Architekturzeitschrift (vgl. S. 220). „Etwas Amüsantes beiläufig: in jener Illustrierten, die über die Tänzerin Julika und ihren verschollenen Mann unterrichtete, war auch eine große Reportage über moderne Schädlingsbekämpfung, die Wilfried, als ich im Gespräch darauf komme, zum Lachen bringt; nicht einmal in dieser Sache stimmt es, was die Illustrierte verkündet." (S. 324)

Im Traum „kreuzigt" (S. 330) Stiller das Illustrierten-Foto Julikas. Endlich sei angemerkt, daß Knobel, der Wärter, im Hinblick auf seine Gier nach möglichst sensationellen Geschichten und seine Leichtgläubigkeit als Illustrierten-Konsument par excellence auszumachen ist.

„... die Illustrierten vermögen den Lebensstil der Menschen, die hier beschrieben werden, nachhaltig zu beeinflussen, weil die Menschen selbst von sich aus bereits so leben, wie es im Klischee der Illustrierten gezeigt wird."[37]

Angesichts massenwirksamer Prägungen, die heute – mehr als dreißig Jahre nach dem Erscheinen des Romans – von nicht enden wollenden TV-Familien-Serien ausgehen[38], offenbart auch das „Illustrier-

---

36) Hans Mayer, Max Frischs Romane, in: Aspekte, S. 59

37) Hans Mayer, Max Frischs Romane, in: Aspekte, S. 56

38) Titelseite des „OTTO-Hauptkatalogs" Herbst/Winter 1986/87: „Titelmodell: Dallas-Star Linda Gray!"

ten"-Motiv die weitsichtige Vorwegnahme einer gesellschaftlich relevanten Entwicklung, die einhergeht mit der wachsenden Bedeutung der Massenmedien, welche in gesellschaftskritischer Absicht beleuchtet wird. Von da aus ist es nur ein Schritt zur Schweizkritik Max Frischs.

Friedrich Dürrenmatt sieht darin „eine der vergnüglichsten, aber auch wichtigsten Seiten dieses erstaunlichen Romans"[39], und auch Jurgensen hält sie keineswegs für ein „launisches Einschiebsel seines Autors".[40]

Wir haben schon an anderer Stelle hingewiesen auf die Bedeutung Bohnenblusts und Sturzeneggers für Max Frischs Kritik an Schweizer Gegebenheiten. Auch die Zeughaus-Szene läßt ihre komisch-drastische Kritikabsicht unschwer erkennen.

Es sollte nicht allzusehr dahinter zurücktreten, daß Stiller selbst kritische Gedanken ausspricht, die treffen, die Würde zeigen und Perspektive (vgl. S. 192 ff.). Er stellt sie unmißverständlich unter die zentrale Aussage: „Mein Verteidiger irrt sich; ich hasse nicht die Schweiz, sondern die Verlogenheit." (S. 193)

Werner Kohlschmidt fragt in seiner Interpretation mit Berechtigung: „Erkennt man, was diese Seite des Romans bedeutet? In ihr hat Frisch einen wirklichen Stiller investiert, der leidenschaftlich denkt, der Zeit- und Geschichtskritik mit Nietzschescher Schärfe betreibt, für die ihm sonst das Niveau fehlt".[41]

Selbstverständlich übersieht auch dieser Autor nicht, daß hier aus dem Erzähler der Dichter selber spricht, wie er einige Zeilen später anmerkt.

Angesichts der geschliffenen Schärfe, mit der – noch dazu in einer deutschen Verlagspublikation – die Schweiz attackiert wird, konnte der Vorwurf der Nestbeschmutzung kaum ausbleiben. Wer freilich, wie

---

39) Hans Bänziger, Frisch und Dürrenmatt, S. 92

40) Manfred Jurgensen, Max Frisch. Die Romane, S. 81

41) Werner Kohlschmidt, Selbstrechenschaft und Schuldbewußtsein im Menschenbild der Gegenwartsdichtung, in: Wirkungsgeschichte, S. 42

Max Frisch, Heimat nicht durch Behaglichkeit definiert sieht, sondern in der kritischen Sehweise sein Interesse am Gegenstand artikuliert, wird von solchen Geschossen verfehlt: „Die Kritik des Schriftstellers an seinem Heimatland ist eine Kritik aus Liebe. Gerade weil er Schweizer ist und die Schweiz liebt, kränken ihn ihre Mängel. Er wird nicht müde, diese aufzuzeigen ... Frisch erfüllt darüber hinaus mit dieser Kritik sein so ganz für ihn typisches Anliegen, sich kein Bildnis, keinen Götzen zu machen, auch nicht von dem Staat, den er als seine Heimat bezeichnet."[42)]

Zu den schwierig zu erschließenden Bildern des Romans zählt Stillers Engel. Hier und da fällt eine verhaltene Andeutung, bis im Gespräch mit seinem neuen Freund, dem Staatsanwalt, zum erstenmal ausführlicher von dem Engel die Rede ist.

Stiller verlangt: „Wenn Sie mein Freund sind, dann müssen Sie auch meinen Engel in Kauf nehmen". (S. 351), d. h. nach Stillers Verständnis, der Staatsanwalt muß „glauben können" (ebd.), daß Stillers Identität eine andere geworden ist. Erklären, was der Engel ist, kann auch Stiller nicht: „... sobald ich ihn zu schildern versuche, verläßt er mich, dann sehe ich ihn selber nicht mehr. Es ist ganz komisch: je genauer ich ihn mir vorstellen kann, je näher ich dazu komme, ihn schildern zu können, um so weniger glaube ich an ihn und an alles, was ich erlebt habe." (S. 351)

Im Zusammenhang mit seinem Selbstmordgeständnis definiert Stiller später: „Ich kann hier lediglich sagen, daß es dieser Schrecken ist, was ich, 'meinen Engel' nenne ..." (S. 375)

Der Versuch, diesen Schrecken in Worte zu fassen, endet im Hilflosen. Nirgendwo sonst im Roman, wenn nicht hier, bestätigt sich, daß Stiller tatsächlich keine Sprache hat für seine Wirklichkeit.

Aus dem Kontext vermag man zu folgern, der Engel sei das Erlebnis des sich nicht vollendenden Todes, eine Art Sturz ins Bodenlose. Die

---

42) Sybille Heidenreich, Mein Name sei Gantenbein ..., S. 45

von diesem Psycho-Schock ausgelösten Antriebe empfindet Stiller subjektiv als Gebote des Engels für sein Handeln. Eine personifizierende oder gar verniedlichende Vorstellung projiziert Stiller nicht. Der Engel besitzt den Doppelcharakter des Destruktiven und des Konstruktiven; er verkörpert in einem Lebensangst und Zukunftshoffen.

Stillers Wunsch an den Freund, den Engel in Kauf zu nehmen, erscheint vor diesem Hintergrund folgerichtig.

Der Vollständigkeit halber sei angemerkt, daß man einen Zusammenhang herstellt zwischen dem Engel im Roman „Stiller" und jener Notiz im „Tagebuch 1946 – 1949", die überschrieben ist „Marion und der Engel"[43] in Verbindung mit dem vorangehenden Textabschnitt. Dieser beschäftigt sich mit der permanenten Gleichzeitigkeit von Leben und Sterben. Es heißt dort unter anderem: „... wir spüren dieses immerwährende Gefälle zum Nichtsein, und darum denken wir an den Tod, wo immer wir ein Gefälle sehen ..."[44] In der Selbstmorddarstellung findet sich dann ein ähnliches Bild: „... aber der Boden kommt nicht, er kommt nie, es bleibt Sturz, nichts weiter, ein Sturz, der auch wieder gar keiner ist ..." (S. 375).

Ein Wort Hans Meyers zu den Kierkegaard-Zitaten aus „Entweder – Oder" soll unsere Betrachtungen zu den wichtigsten Motiven des Romans beenden: „Das Motto des Romans nämlich (...) gibt keineswegs den Schlüssel ab für das Romangeschehen und sollte durchaus nicht als Kommentar des Autors zu seinem Buch betrachtet werden. Eher wäre von einem ironischen Spannungsverhältnis zwischen Kierkegaard-Motto und Romanverlauf zu sprechen."[45]

---

43) Max Frisch, Tagebuch 1946 – 1949, S. 179 f.

44) ebenda, S. 179

45) Hans Mayer, Max Frischs Romane, in: Aspekte, S. 55

Stichworte zu Max Frischs Roman „Mein Name sei Gantenbein"

Als letzter der drei aufeinanderfolgenden Romane zur Identitäts-Problematik, zehn Jahre nach „Stiller" und sieben Jahre später als „Homo faber" erschienen, spielt dieses Werk im Gegensatz zu seinen beiden Vorgängern in der schulischen Rezeption eher eine untergeordnete Rolle.

Man versteht – wie es bei Frischs Produktionen geübte Praxis ist – auch hierfür eine Ursprungs-Stelle im 'Tagebuch 1946 – 1949' nachzuweisen. Sie beginnt: „Was wichtig ist: das Unsagbare, das Weiße zwischen den Worten . . ."[1]

Ein aufschlußreicher Sekundärtext zum Verständnis des 'Gantenbein' liegt vor in einem Werkstattgespräch[2] von Anfang der sechziger Jahre. Hier hat sich Frisch zum Zusammenhang zwischen dem Erzählen von Geschichten und den Erfahrungen geäußert. Im Kern sagt seine These aus: Geschichten sind lesbar gewordene Erfahrungen. Einer der Schlüsselsätze lautet: „Man könnte mit einer fixen Summe gleicher Vorkommnisse, bloß indem man ihnen eine andere Erfindung seines Ichs zugrunde legt, sieben verschiedene Lebensgeschichten nicht nur erzählen, sondern leben".[3]

Eigentlich ist es genau das, was im Ich-Roman „Mein Name sei Gantenbein" geschieht. Dabei stellt sich – zumindest gemessen am Herkömmlichen – die Genre-Einordnung 'Roman' als problematisch dar. Es werden hier Geschichten aneinandergereiht als „Entwürfe zu einem Ich" (Max Frisch). An anderer Stelle hat der Dichter gesagt: „Ich probiere Geschichten an wie Kleider".[4]

---

1) Max Frisch, Tagebuch 1946 – 1949, S. 42
2) vgl. H. Bienek, Werkstattgespräche mit Schriftstellern
3) ebenda, S. 25
4) vgl. Sybille Heidenreich, Mein Name sei Gantenbein, S. 83

Wenn sich schon die Inhalte von 'Homo faber' und 'Stiller' auf Grund von ineinandergeschränkten Zeitebenen und Erzählperspektiven nur mit einiger Schwierigkeit wiedergeben lassen, so gilt dies in erhöhtem Maße vom Gantenbein-Inhalt: „Dieser Roman hat keine Fabel, jedenfalls kaum eine erzählbare. Es gibt in ihm ein 'Ich', von dem man nichts weiß, nicht ahnt, wo es sich aufhält usw. Dieses 'Ich' zieht Möglichkeiten in Erwägung, sich Geschichten auszudenken, wobei es sich mit jeder Geschichte identifiziert, ohne die Absicht jedoch, sie zu Ende zu bringen. Dieses Ich ist Gantenbein, Lilas Mann, und Enderlin, Lilas Geliebter, dann Svoboda, Lilas erster Ehemann. Nicht so fest steht allerdings, ob es sich immer um dieselbe Frau handelt (...) und ob diese Personen wirklich alle etwas miteinander zu tun haben. Außerdem sind in den Roman einige weitere Episoden namenloser Ichs gestreut ..."[5)]

Ein „Ich" erfindet also Rollen: Felix Enderlin, Theo Gantenbein und Frantisek Svoboda. Durch Umschreibungen und Annäherungen an das, was sich nicht sagen läßt, soll die Erfahrung, um die es geht, lesbar gemacht werden. Die Gestalten Enderlin und Svoboda verschwinden im Verlauf der Ereignisse aus der Handlung. Die als tragfähig erkannte Figur bleibt Theo Gantenbein. So lautet denn auch die im Titel konjunktivisch vorweggenommene Entscheidung des Erzählers: „Mein Name sei Gantenbein".

„Das 'Ich' wird nicht Gantenbein, sondern findet in ihm nur den optimalen Ausdruck für das Eigentliche, worum es geht. Dazu muß die Gestalt Gantenbein den scheinbar Blinden spielen. Er muß sich vorstellen, wie es wäre, wenn er diese seine gespielte Blindheit wieder aufgäbe, er wechselt mit seiner Partnerin Lila in die Rollen von Philemon und Baucis[6)], begleitet sie bei ihren Rollenwechseln als Contessa, als Ärztin, als Mutter."[7)]

---

5) Hermann Kähler, Max Frischs Gantenbein-Roman, in: Über Max Frisch, S. 198

6) Ph. u. B.: in der antiken Sage frommes, glückliches Ehepaar in Phrygie, das ein hohes Alter erreichte und nach dem gemeinsamen Tod in eine Eiche und eine Linde verwandelt wurde

7) Sybille Heidenreich, Max Frisch. Mein Name sei Gantenbein ..., S. 78

Die durchgängig auftretende Frauengestalt Lila übernimmt gleichsam die Funktion einer – trotz aller Wandelbarkeit – fixen Größe. Hans Mayer deutet sie folgendermaßen: „Da war eine Frauengestalt, die den Erzähler Max Frisch als Romanfigur gereizt haben muß. Lila, die Schauspielerin. Aber ist sie eigentlich eine Schauspielerin? Im Verlaufe des Buches wird auch sie einigermaßen 'umfunktioniert'. Mal mit Kind, mal ohne Kind. Mal Tochter kleiner Leute, mal italienische Gräfin. Wahrscheinlich lag hier, im Bedürfnis nach Gestaltung einer Schauspielerin in ihrem ständigen Wechsel zwischen vorgestelltem Bühnenleben und 'wirklichem' Leben, ein weiterer Grundimpuls des Romans. Wobei der Erzähler, ziemlich am Schluß des Buches, festzustellen glaubt: „Einzige Gewißheit über Lila: so wie ich sie mir vorstelle, gibt es sie nicht."[8)]

Der Versuch, einen Gang der Handlung zu fixieren, bleibt notwendigerweise auf Umrisse fixiert:

Gantenbein spielt die Rolle eines Blinden. Das versetzt ihn in die Lage, die Menschen seiner Umgebung zu sehen, wie sie sich verhalten, ohne das Gefühl, beobachtet zu werden. So vermag ihn seine Frau Lila, eine Schauspielerin von Popularität, gleichzeitig zu lieben und zu betrügen. Als Gantenbein der Blindenrolle entsagt, zerbricht ihre Ehe. Lila will den Sehenden nicht mehr lieben, weil sie sich ihres Geheimnisses beraubt sieht. Sie fühlt sich ihrer Rolle entkleidet. Der Erzähler schlüpft, die Blindenrolle Gantenbeins hinter sich lassend, gleichsam ausprobierend in neue Rollen: als gewichtiger Böhme Svoboda in die eines früheren Lila-Ehegatten, als zierlich-nervöser Intellektueller Enderlin, der mit einer schönen Unbekannten – wieder ist es Lila – in einer Affäre den Ehemann Svoboda betrügt, in die Liebhaber-Rolle. Wie im Zitat Hans Mayers schon angedeutet, begegnet Lila dem Leser in den verschiedensten Verwandlungen: als umworbene Aktrice, geheimnisvolle, hingabebereite Fremde für eine Liebesnacht, angepaßt-biedere Berufstätige und morphiumsüchtige Römerin der High-Society.

---

8) Hans Mayer, Max Frischs Romane, in: Max Frisch. Aspekte des Prosawerks, S. ?

Der ganze Roman lebt vom Aufnehmen und wieder Ablegen von Geschichten. Dabei wird ein Brechtsches Motiv – das Montieren und Ummontieren eines Menschen[9] – poetisch praktiziert. Zu Beginn des Romans entsteht jene Gestalt, die dann den Namen Gantenbein führen wird, sozusagen aus internationalen Zutaten: aus einem französischen Körper und einem amerikanischen Kopf beispielsweise.

Nachdem der Erzähler den Universitätsdozenten Dr. Enderlin – mit Ruf nach Harvard – und den Böhmen Svoboda – in knödelgenährter Körperlichkeit – aufgebaut und wieder verworfen hat, wäre ihm beinahe weitere Mühsal beschieden gewesen. Ein Herr namens Siebenhagen drängt herzu. Aber er muß vom Erzähler nicht mehr „erfunden" werden; denn die Entscheidung ist bereits – oder besser endlich – gefallen: „Mein Name sei Gantenbein! (Aber endgültig.)" So steht es auf Seite 420.

Nachdem die Variante eines plötzlichen Herztodes ebensowenig als gültig akzeptiert wird wie der Tod durch Ertrinken, mündet endlich alles in einiger Behaglichkeit.

Der Erzähler wartet an einem heißen italienischen Septembertag in nicht unangenehmer Gesellschaft darauf, daß man die Mahlzeit aus geröstetem Fisch serviere.

Und mit Versöhnlichkeit klingt der Roman aus: „Leben gefällt mir – ".

Man erinnere sich: Stiller bleibt vereinsamt zurück, gedrängt in eine Rolle, die ihm nur schäbige Mittelmäßigkeit läßt: „Stiller blieb in Glion und lebte allein" heißt der letzte Satz im Bericht des Staatsanwalts Rolf.

Walter Faber, Inzesttäter und moralisch schuldig am Tode des eigenen Kindes, wird zur vermutlich todbringenden Krebsoperation aus der Handlung des Romans 'Homo faber' entlassen: „Sie kommen".

Ein Jahrzehnt nach „Stiller" heißt es dann: „Leben gefällt mir".

---

9) In Brechts „Der gute Mensch von Sezuan" wird dieses Ummontieren auf offener Bühne vorgeführt, wenn sich die gute Shen-Te in den bösen Vetter Shui-Ta verwandelt.

Zwar ist viel die Rede von der Angst vor dem Altern und vor dem Sterben. Dennoch findet Max Frischs erzählendes Ich zu dieser lebensbejahenden Formulierung.

Wie die traumhafte Erzählung „Bin oder die Reise nach Peking" klingt auch hier die Handlung an einem schönen Herbsttag in einem versöhnlichen Bild aus.

Es liegt nahe, den Gantenbein-Roman als letzten in der thematischen Dreiheit des Identitätsproblems in die Beleuchtung dieses Zusammenhangs zu rücken: „Bereits 'Stiller' und 'Homo Faber' waren als Komplementärromane angelegt. Der Bildhauer Stiller hatte sich nichts sehnlicher gewünscht als ein zweites Dasein, das er an die Stelle seines offenbar mißglückten ersten setzen konnte. Faber als Mensch des technischen Zeitalters, der eine völlig berechenbar gewordene Welt anzunehmen gedachte, hatte das völlig Unwahrscheinliche erleben müssen: das Schicksal des Ödipus. Er hatte ein zweites Dasein geführt, ohne es zu wissen.

Und Herr Gantenbein? Er ist nicht naiv wie Stiller, denn er weiß, daß man sich zwar andere Lebensweisen erfinden, aber die vielen möglichen Leben nicht real durchleben kann. Stiller wurde schließlich gewaltsam gezwungen, wieder Stiller zu werden. Goethes Faust war eine Tragödie, weil sich Faust das Ungeheuerliche vornahm: mit Hilfe des Teufels sein eigentliches wirkliches Dasein zum Leben aller menschlichen Möglichkeiten zu erweitern.' Und was der ganzen Menschheit zugeteilt ist/Will ich in meinem innern Selbst genießen.' Man weiß, wie die Geschichte ausging. Herr Gantenbein hat daraus gelernt."[10)]

Sybille Heidenreich zählt in ihrer Strukturanalyse des Romans 115 Einzelszenen. Eine Fülle von Randgeschichten stellt die eigentliche Werksubstanz dar, während eine zentrale Geschichte fehlt, da das erzählende 'Ich' lediglich über eine zu vermittelnde 'Erfahrung' verfügt. Wie im „Stiller" finden sich auch hier die unterschiedlichsten Erzähl-

---

10) Hans Mayer, a. a. O., S. 70

Formen: Fabeln, Märchen, Träume, Episoden, Reflexionen, Schilderungen des Alltäglichen von großer Plastizität.

Es ist verständlich, daß die besondere poetische Konstruktion des Romans ihre eigene Sprache fordert:

„Der Konjunktiv im Titel des Romans 'Mein Name sei Gantenbein' verweist auf die erzählerische Grundintention, alle im Roman vorgetragenen Geschichten und Episoden allein als fiktive Vergegenwärtigungen eines vergangenen Geschehens, als Sinnbilder der Erkenntnisse gelten zu lassen; Wirklichkeit entzieht sich dem unmittelbaren Zugriff der Sprache, sie könne allenfalls in der Pluralität fingierter Möglichkeiten experimentell zur Erscheinung gebracht werden. Darum heißt die Ausgangsposition des Romans: 'Ein Mann hat eine Erfahrung gemacht, jetzt sucht er die Geschichte dazu.' (...) Der spielerische Rollenwechsel – 'Ich probiere Geschichten an wie Kleider' – wird möglich dank einer Sprache, die eher entwirft als schildert, vermeintlich sichere Aussagen ironisch relativiert und den suggestiven Identifikationsgestus vermeidet. Frisch skizziert, notiert, häuft Materialien in locker gereihten Sätzen und Satzgliedern. Er zwingt sie so wenig in moderierten epischen Fluß, wie er das Widerstrebende und Widersprüchliche der 'Geschichten' kaschiert. Um Raum für das Spiel mit den verschiedenen Veriationen jener zentralen Erfahrung zu bekommen, preßt Frisch den Erzählstoff nicht mehr in ein festes Raum-Zeit-Schema. Kausale und zeitliche Sukzession sind aufgegeben, so daß eine 'Handlung' im herkömmlichen Sinn nicht mehr zustande kommt, zweifellos ein Indiz dafür, wie sehr sich Frisch von den vorhergegangenen Romanen 'Stiller' und 'Homo Faber' erzähltechnisch entfernt hat."[11)]

Angesichts seiner Schlußstein-Funktion in der Roman-Trilogie stellt sich zum 'Gantenbein' Nachdenklichkeit ein: „Man fragt sich, ob dieser Roman die Kapitulation Frischs auf der Suche nach Identität bedeutet. Holthusen meint unumwunden: 'Der moderne Intellektuelle am Ende

---

11) Kindlers Literaturlexikon, Band IV, S. 2326 f.

seines Lateins.' Noch nie hat Frisch die Problematik seines Zentralanliegens so 'eindeutig ins Individuelle und Private verschoben'. (....) Der Roman zeigt nicht die qualvolle Eindringlichkeit, die 'Stiller' und 'Homo Faber' oft kennzeichnet, wohl, weil sich der Autor damit abgefunden hat, wie er 1961 in den 'Werkstattgesprächen' sagte, 'daß jedes Ich, das sich ausspricht, eine Rolle ist. Immer. Auch im Leben.'"[12)]

Gelegentlich wird unverhohlenes Mißfallen laut: „Während jedoch bei Kafka das Opfer der jeweiligen Umstände eine bestimmte und entwicklungsfähige Existenz hat, Mittelpunkt einer nicht mehr faßbaren Welt ist, sind die von Frisch angeführten Situationen alltäglich, fast banal, daher glaubwürdig, aber die in ihnen agierenden Personen sind Hirngespinste, auswechselbare Erfindungen, denen das Geschehen, dem sie die Kette gemeinsamer Bekannter, durch ausgesetzt sind, nichts anhaben kann.

Darin liegt die eigentliche Schwäche des Buches. Indem Frisch seine Figuren der Verantwortlichkeit ihres eigenen Charakters beraubt, entwertet er die Erfahrung, die ihn doch letzten Endes zwang, diesen Roman zu schreiben. Es erinnert an einen jener Briefe, wie man sie in Frauenmagazinen antreffen kann, die etwa folgendermaßen beginnen: 'Meine Freundin ist 23 Jahre alt und erwartet jetzt ein Kind von einem verheirateten Mann, der sie verlassen hat...' Auch bei einem Schriftsteller ist dies ein nicht ganz redliches Vorgehen."

Am Ende dieser überblickhaften, kurzen Information zu Max Frischs Roman „Mein Name sei Gantenbein" möge für solche Leser, die ein tiefergehendes Interesse an diesem Werk verfolgen, der Hinweis stehen auf einige wichtige Veröffentlichungen.

In der Reihe „Analysen und Reflexionen" legt Sybille Heidenreich als Band 15 „Untersuchungen und Anmerkungen" vor zu „Mein Name sei Gantenbein", „Montauk" und „Stiller".

---

12) Jutta Birmele, Anmerkungen zu Max Frischs Roman 'Mein Name sei Gantenbein', in: Wirkungsgeschichte, S. 111 f.

Als Band 2 der „Materialien zur Deutschen Literatur" liegt vor „Max Frisch – Beiträge zur Wirkungsgeschichte". Neben den Texten anderer Autoren verdient besonders der Beitrag von Manfred Jurgensen „Mein Name sei Gantenbein" Erwähnung, bietet er doch eine fundierte, ausführliche und eng am Text orientierte Interpretation.

Quellenverzeichnis

Kähler, Hermann	Max Frischs Gantenbein-Roman in: Über Max Frisch. Frankfurt/Main 1973
	Kindlers Literaturlexikon, Band IV, Zürich 1968

Literaturverzeichnis

Max Frisch	Tagebuch 1946-1949. Frankfurt/M. 1958
	Stich-Worte. Ausgesucht von U. Johnson. Frankfurt/M. 1975
	Gesammelte Werke in zeitlicher Folge. 7 Bände. Hg. von H. Mayer unter Mitwirkung von W. Schmitz. Frankfurt/M. 1986
	Stiller. Berlin 1982

* * *

Heinz L. Arnold (Hg.)	Gespräch mit M. Frisch. In: Gespräche mit Schriftstellern. München 1975
Horst Bienek	Werkstattgespräche mit Schriftstellern. München 1965.
Alfred A. Häsler	Wir müssen unsere Welt anders einrichten. Gespräch mit M. Frisch. In: Die Tat vom 9. Dezember 1967
Fritz J. Raddatz	Ich singe aus Angst - das Unsagbare. Ein Zeitgespräch mit M. Frisch. In: Die Zeit vom 17. April 1981
Georges Waser	Jedes Wort ist falsch und wahr. - Der Schweizer Schriftsteller über den Sinn des Schreibens, sinnlose Geschichten, die Wahrheit und den Tod. In: Rheinischer Merkur/Christ und Welt vom 2. Oktober 1981

Jürgen Werth/ Bernhard Blanke	Interview mit M. Frisch. In: Frankfurter Rundschau vom 30. April 1966
Westdeutsches Fernsehen	Max Frisch, Erzähler, gesendet im Juli und August 1987
Dieter Zimmer	Noch einmal anfangen können. Ein Gespräch mit M. Frisch. In: Die Zeit vom 22. Dezember 1967

* * *

Heinz L. Arnold (Hg.)	Max Frisch. Text + Kritik. Heft 47/48. München ^{3}1983
Thomas Beckermann (Hg.)	Über Max Frisch. Frankfurt/M. 1971
Volker Hage	Max Frisch mit Selbstzeugnissen und Bilddokumenten. Hamburg ^{8}1992
Carol Petersen	Max Frisch. Köpfe des XX. Jahrhunderts. Berlin 1966
Jürgen H. Petersen	Max Frisch. Stuttgart ^{2}1989
Walter Schmitz (Hg.)	Max Frisch. Frankfurt/M. 1987
Alexander Stephan	Max Frisch. München 1983

* * *

Thorbjörn Lengborn	Schriftsteller und Gesellschaft in der Schweiz. Zollinger-Frisch-Dürrenmatt. Frankfurt/M. 1972
Bruno Mariacher/ Friedrich Witz (Hg.)	Bestand und Versuch. Schweizer Schrifttum der Gegenwart. Zürich-Stuttgart 1964

* * *

Hans Geulen	Max Frischs Roman "Homo faber". Studien und Interpretationen. Berlin 1965
Sybille Heidenreich	Max Frisch. "Homo faber". Untersuchungen zum Roman. Hollfeld [9]1994
	Max Frisch. Mein Name sei Gantenbein. Montauk. Stiller. Analysen und Reflexionen. Band 15. Hollfeld [5]1992
Manfred Jurgensen	Max Frisch. Die Dramen. Bern 1968
	Max Frisch. Die Romane. Bern 1974
	Kindlers Literaturlexikon, Band IV, Zürich 1968
Peter Pütz	Das Übliche und das Plötzliche. Über Technik und Zufall im "Homo faber". In: G. P. Knapp (Hg.) Max Frisch. Aspekte des Prosawerks. Bern-Frankfurt/M.-Las Vegas 1978, S. 127-129
Albrecht Schau (Hg.)	Max Frisch. Beiträge zur Wirkungsgeschichte. Freiburg i. Br. 1971. Darin zu "Homo faber": - Walter Jens, S. 63-65; - Walter Henze, S. 66-79; - Gerhard Kaiser, S. 80-89; - Ursula Roisch, S. 90-106.

* * *

Hans Jürgen Baden	Der Mensch ohne Partner. Das Menschenbild in den Romanen von Max Frisch. Wuppertal-Barmen 1966

Hans Bänziger	Zwischen Protest und Traditionsbewußtsein. Arbeiten zum Werk und zur gesellschaftlichen Stellung Max Frischs. Bern 1975
Michael Butler	The Novels of Max Frisch. London 1976
Erna M. Dahms	Zeit und Zeiterlebnis in den Werken M. Frischs. Bedeutung und technische Darstellung. Berlin-New York 1976
Gerd Hillen	Reisemotive in den Romanen von Max Frisch. In: Wirkendes Wort 19 (1969), S. 126-133
Tildy Hanhart	Zufall, Rolle und literarische Form. Untersuchungen zu seinem neueren Werk. Kronberg/Ts. 1976
Frank Hoffmann	Der Kitsch bei Max Frisch. Vorgeformte Realitätsvokabeln. Bad Honnef 1979
Manfred Jürgensen (Hg.)	Frisch. Kritik-Thesen-Analysen. Bern 1977
- -	Max Frisch. Die Romane. Bern ²1976
Gerhard P. Knapp (Hg.)	Max Frisch. Aspekte des Prosawerks. Bern-Frankfurt/M.-Las Vegas 1978
Anita Krätzer	Studien zum Amerikabild in der neueren deutschen Literatur. Max Frisch-Uwe Johnson-Hans M. Enzensberger und das "Kursbuch". Bern-Frankfurt/M. 1982
Sigrid Mayer	Die Funktion der Amerikakomponente im Erzählwerk Max Frischs. In: G. P. Knapp (Hg.). Aspekte des Prosawerks. Bern-Frankfurt/M.-Las Vegas 1978, S. 205-235
Doris F. Merrifield	Das Bild der Frau bei Max Frisch. Freiburg i. B. 1971

Ulrich Ramer	Im Schatten der Eigentlichkeit. Studien über Rollenspiel und Fluchtmotiv im Gesamtwerk M. Frischs. Erlangen-Nürnberg 1973 (Diss.)
Walter Schenker	Die Sprache Max Frischs in der Spannung zwischen Mundart und Schriftsprache. Berlin 1969
Eduard Stäuble	Max Frisch. Gedankliche Grundzüge in seinen Werken. Basel 1967
- -	Max Frisch. Gesamtdarstellung seines Werkes. St. Gallen. ^{4}1971
Horst Steinmetz	Max Frisch. Tagebuch, Roman, Drama. Göttingen 1973
Markus Werner	Bilder des Endgültigen, Entwürfe des Möglichen. Zum Werk von Max Frisch. Bern 1975
Monika Wintsch-Spiess	Zum Problem der Identität im Werk M. Frischs. Zürich 1965

* * *

Manfred Durzak	Der deutsche Roman der Gegenwart. Stuttgart ^{2}1973
Hans-Peter Franke u. a.	Geschichte der deutschen Literatur. Von 1945 bis zur Gegenwart. Stuttgart ^{4}1987
Rolf Geißler	Möglichkeiten des modernen deutschen Romans. Frankfurt/M. 1965
Kindlers	Literaturlexikon. Band IV. Zürich 1968

Kindlers — Literaturgeschichte der Gegenwart. Die zeitgenössische Literatur der Schweiz. München 1974

Jakob Lehmann (Hg.) — Deutsche Romane von Grimmelshausen bis Walser. Königstein/Ts. 1982

* * *

Robert Ulshöfer — Kontinuität und Wandel. Mensch und Gesellschaft in den Romanen nach 1945. Der Wandel der literarischen Menschenzeichnung. Modell für einen Leistungskurs auf der Jahrgangsstufe 12. - Dargestellt am Beispiel von “Homo faber”, “Ansichten eines Clowns”, “Die Aula”, “Nachdenken über Christa T.” In: Der Deutschunterricht 32 (1980), Heft 6, S. 124-149

Reinhold Viehoff — Max Frisch für die Schule. Anmerkung zur Rezeption und Verarbeitung des “Homo faber” in der didaktischen Literatur. In: Der Deutschunterricht 36 (1984), Heft 6, S. 70-83

* * *